GOLDMANN

Buch

Atem ist Leben. Mit dem Einatmen holen wir die Welt in uns hinein, und mit
dem Ausatmen schenken wir ihr unser Innerstes. Mit der Atmung besitzen
wir sowohl ein machtvolles Instrument der geistig-spirituellen Transformation als auch der physischen und emotionalen Heilung.

Ina Koosaka, die Autorin dieses ganzheitlich ausgerichteten Arbeitsbuchs,
geht noch einen Schritt weiter: Auf ganz pragmatische Weise verknüpft sie
Atemschulung und Gedankenkontrolle. Sie beschreibt, wie beim Rebirthing
oder bei den neuen Formen sanften Heilatmens alte, verkrustete Denk- und
Verhaltensmuster zutage treten, die Ursache für physische und emotionale
Blockaden oder Krankheiten sind. Durch bewußtes Atmen und die Umpolung der Gedanken mit Hilfe von Affirmationen wird es möglich, die alten
Reaktions- und Denkschienen zu verlassen. Es eröffnen sich dadurch für
jeden rasante innere und äußere Entwicklungsfortschritte.

Im Gegensatz zu konventionellen Atemtherapien vertieft und beschleunigt
die Kombination von bewußtem Atmen, Affirmationen und Mentaltraining
die Heilung alter körperlicher wie emotionaler Wunden sowie die spirituelle
Entfaltung.

Autorin

Ina Odira Koosaka ist Atem- und Massagetherapeutin mit einer eigenen
Praxis in München. Sie bietet Einzelsitzungen, Gruppenseminare und Ausbildung an.

Von der Autorin ist bei Goldmann bereits erschienen:

Sanfte Massagen zu zweit (10473)

INA ODIRA KOOSAKA

Das ganzheitliche Atembuch

GOLDMANN VERLAG

Originalausgabe

Umwelthinweis:
Alle bedruckten Materialien dieses Taschenbuchs
sind chlorfrei und umweltschonend.

Der Goldmann Verlag
ist ein Unternehmen der Verlagsgruppe Bertelsmann

© 1994 by Wilhelm Goldmann Verlag, München
Umschlaggestaltung: Design Team München
Satz: Uhl + Massopust, Aalen
Druck: Pressedruck Augsburg
Verlagsnummer: 13764
Lektorat: Olivia Baerend
Redaktion: Christine Schrödl
Illustrationen: Diane v. Weltzien
Ba · Herstellung: Martin Strohkendl
Made in Germany
ISBN 3-442-13764-0

10 9 8 7 6 5 4 3 2 1

Inhalt

Vorwort

Wir alle atmen. Der Atem ist lebensnotwendiger Bestandteil des Lebens, wie wir es kennen. Beim Einatmen holen wir die Welt in uns hinein, während wir ihr beim Ausatmen unser Innerstes schenken. Ohne Atem läuft nichts. Der Atem ist uns gegeben und wird uns im Tod genommen. Daran können wir nicht rütteln. Wohl aber können wir uns unseres Atems bewußt werden und ihn in den verschiedensten Lebenssituationen studieren, um für uns die günstigste und unterstützendste Art des Atmens herauszufinden. Wir sind imstande, den Atem zu kultivieren, der uns bei Streß ruhig macht, der uns aktiviert, wenn wir Kraft brauchen, der uns hilft, bei Entscheidungen weise zu sein und Überflüssiges geordnet und mit Leichtigkeit abzulegen.

Neben der Beobachtung unseres eigenen Atemverhaltens können wir auf die Erfahrungen anderer Menschen zurückgreifen. Es hat durch die Jahrhunderte hindurch viele unterschiedliche Atemschulen gegeben, deren Lehren meist mündlich überliefert wurden. Heute gibt es einige Bücher über das Atmen, vorwiegend mit medizinischem Hintergrund. Hier jedoch soll die Rede vor allem vom Atem als einem Mittel zur geistigen Schulung und spirituellen Entfaltung sein. Deshalb beziehe ich die Arbeit mit Affirmationen und das Mentaltraining ein. Es ist mir ein Anliegen, meinen Lesern die so wichtige Verbindung des Atems mit Sprache und Denken deutlich zu machen, so daß jeder sie in seinem Leben sinnvoll nutzen kann. Zu dieser ganzheitlich ausgerichteten Schulung des Atems gibt es weniger Literatur.

In meiner Darstellung und bei den praktischen Atemübungen lege ich mich auf keine Atemschule fest. Damit möchte ich dazu beitragen, die Isolation zwischen den verschiedenen Richtungen in der Atemtherapie zu überbrücken. Alle Techniken sind für bestimmte Zwecke kostbar und haben ihren speziellen Platz im Ganzen. Bei Atemsitzungen geht es nach meinem Verständnis also keineswegs darum, *die* einzig richtige Art zu atmen zu erlernen, sondern darum, die eigene Essenz zu erfahren, auszudrücken und damit in erweiterten Zusammenhängen leben zu lernen. Meiner Meinung nach ist zum Beispiel weder das Rebirthing die allein seligmachende, perfekte Art der Heilung mit Hilfe des Atems, noch können andere Atemmethoden diesem Alleinvertretungsanspruch gerecht werden. Es ist lohnenswert, verschiedene Methoden kennenzulernen. Schließlich geht es um den ganzen Menschen, und da kann jeder neue Ansatz oder Impuls nur willkommen sein.

Die im Buch vorgestellten Kombinationen verschiedener Atemmethoden beruhen auf der Vorstellung, daß wir Menschen geistige Energie in einer Welt materieller Energie sind und daß beide sich in unendlicher Mannigfaltigkeit durchdringen. So kann beispielsweise die Kombination von Rebirthing und Energiemassage mit der anschließenden Feinabstimmung in Form von Affirmationen, eingebunden in ein individuelles und universelles Training mentaler Art, Wunder wirken und neue geistige Ebenen erschließen.

Ich möchte meinen Lesern Mut machen, mit den verschiedenen Methoden und Übungen zu experimentieren und – was ganz besonders wichtig ist – ihren eigenen Beobachtungen und ihrem eigenen Urteil mehr und mehr zu vertrauen.

Ein Hinweis: Leider wurde noch keine elegante Lösung gefunden, um auf den einseitigen grammatikalischen Gebrauch der männlichen Form verzichten zu können. Ich hoffe, meine Leserinnen nehmen es mir nicht übel, daß ich die konventionelle Schreibweise aus Gründen der Lesbarkeit bevorzugt habe.

Physisch-Physio-Logisches

Atmen hat die Menschheit schon immer fasziniert, denn unser Atem ist eine zweigleisige Sache. Die Luft ist als Gasgemisch noch Materie, enthält jedoch einen geheimnisvollen Stoff. Es gibt außer Prana noch viele andere Namen dafür, auch wissenschaftliche. Einige der Bezeichnungen sind: Ki (Japan), Qi oder Chi (China), Ka (im alten Ägypten), Pneuma (im alten Griechenland), Orgon (der Therapeut Wilhelm Reich prägte den Begriff) oder Bioplasma (moderne russische Forschung). Ich gehe so weit zu behaupten, es sei reiner Geist darin, Leben. Wir müssen schlafen, atmen aber dabei. Wir können lange fasten, sogar einige Zeit dürsten, bis wir sterben, doch der Tod durch Ersticken tritt binnen Minuten ein, weil der Atem – das Leben, die Seele – aus dem Körper entwichen ist. Also ist es nicht möglich, durch willentliches Anhalten des Atems Selbstmord zu begehen; das Leben ist stärker.

Die Atemorgane

Unser Atemapparat besteht aus den *Atemwegen* – das sind Nasen- und Mundhöhle, Rachenraum, Kehlkopf, Luftröhre, Bronchien, Lunge – und aus dem *Atemzentrum* im Gehirn.

Die rechte Lunge setzt sich aus drei, die linke aus zwei Lungenlappen zusammen, die sich wiederum in zahlreiche Lungenbläschen, die Alveolen, auffächern. Die Lungenoberfläche entspricht etwa zwei bis drei Schulklassenzimmern beziehungsweise zwei- bis dreihundert Quadratmetern.

Lunge und Bronchien liegen im elastischen Brustkorb und werden vom Brustfell eingehüllt. Zum Bauchraum hin begrenzt diesen

Atemraum das sehr bewegliche Zwerchfell, wie überhaupt der ganze Brustkorb nach allen Seiten überaus dehnbar angelegt ist, um sich an das ständig verändernde Volumen während des Atemvorgangs anpassen zu können. Nach außen ist der Atembereich durch Brust- und Zwerchfell vollständig abgeschlossen.

Wir atmen vorzugsweise durch die Nase ein, um den darin enthaltenen Sauerstoff aufzunehmen. Der Sauerstoff gelangt von der Lunge ins Blut und von dort weiter in alle Körperzellen, wo er den Stoffwechsel, einen der Gewinnung von Wärme und Energie dienenden Umwandlungs- oder Verbrennungsprozeß, ermöglicht und in Gang hält. Die »Abgase« des Stoffwechsels (Kohlendioxid) entweichen mit dem Ausatmen. Je nach der Qualität der Luft und des

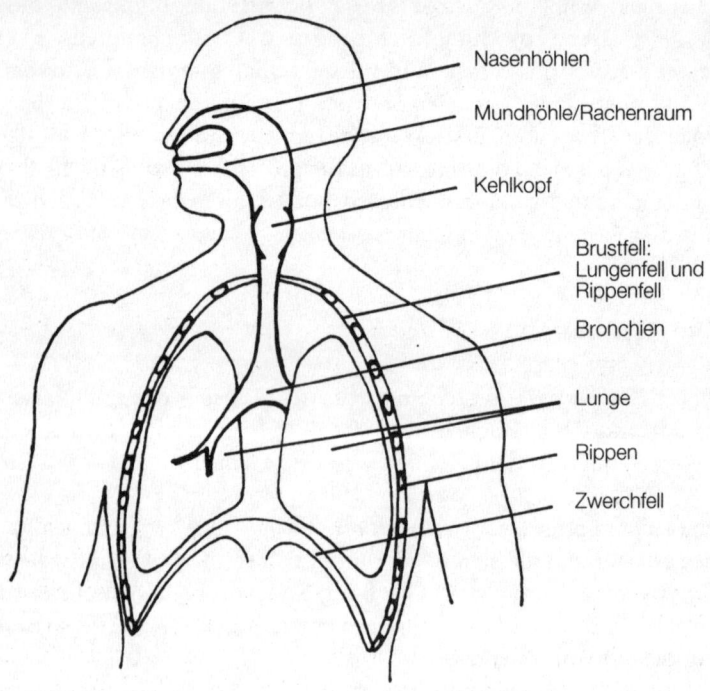

Nasenhöhlen

Mundhöhle/Rachenraum

Kehlkopf

Brustfell:
Lungenfell und
Rippenfell

Bronchien

Lunge

Rippen

Zwerchfell

Die Atemorgane

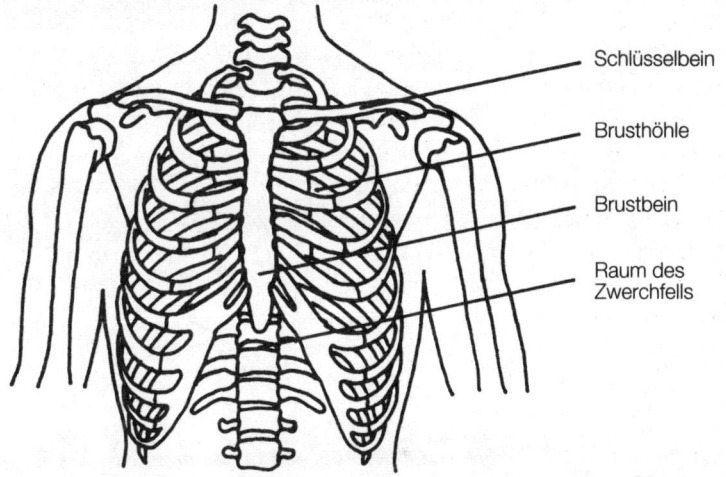

	Schlüsselbein
	Brusthöhle
	Brustbein
	Raum des Zwerchfells

Der Brustkasten

Atemvorgangs ist dieser Prozeß verschieden effektiv. Während wir auf die Luftbeschaffenheit oft kaum Einfluß haben, können wir jedoch die Atemqualität selbst bestimmen.

Die Sauerstoffaufnahme und die Arbeit der Lungen werden *äußere Atmung* genannt. Damit ist der Gasaustausch zwischen Luft und Blut gemeint. Der Austausch zwischen Blut und Zellen des Körpers wird als *innere Atmung* oder *Zellatmung* bezeichnet. Dem Blut kommt also eine wichtige Mittleraufgabe zu.

Der Atemvorgang

Unser Brustkasten ist durch die elastischen Felle und durch Muskeln in der Lage, wie ein Blasebalg zu wirken, und zwar nach beiden Seiten. Er erweitert sich bei der Luftaufnahme, ja er saugt die Luft förmlich an und preßt die verbrauchte Luft mit dem Ausatmen wieder heraus. Wir können diesen Vorgang noch unterstützen, indem wir bewußt unsere Aufmerksamkeit darauf richten und so die gewöhnlich vom Atemzentrum im Gehirn automatisch gesteu-

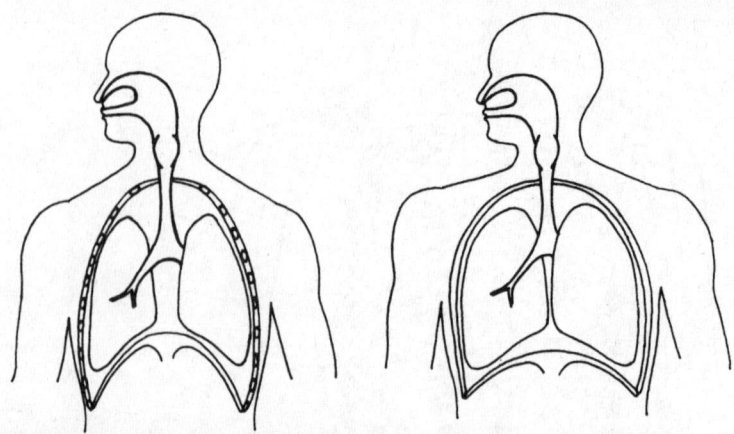

Der Rippen- und Zwerchfellstand bei Aus- und Einatmung

erten Vorgänge intensivieren. Das Zwerchfell senkt sich beim Einatmen nach unten, so daß mehr Raum für die in den Brustraum einströmende Luft geöffnet wird, während es beim Ausatmen nach oben gegen die Lungen drückt und so beim Herauspressen der verbrauchten Luft hilft.

Bei Dauerstreß oder Depressionen können der Brustkorb wie auch das Zwerchfell an Elastizität verlieren, so daß ein gesundes Atemvolumen nicht erreicht wird, was sich in vermindertem Fühlen und geringerer Klarheit des Denkens, in Müdigkeit oder auch Aufgedrehtheit ausdrückt. Stoffwechselschlacken, die vom Körper bei zu üppiger Kost nicht mehr ausgeschieden werden können, setzen sich zudem bei den Zwischenrippenmuskeln wie auch sonst im Gewebe fest und behindern ebenfalls das elastische Atmen.

Nicht alle Luft wird ausgeatmet; ein Drittel verbleibt als Restluft in den Lungen. Wer aus Gewohnheit rasch und flach atmet, bewegt im Atemapparat unsinnigerweise abgestandene Luft hin und her, ohne daß es zu einem richtigen Austausch kommt. Beim bewußten schnellen Atmen (Hecheln) entstehen zwar leicht Schwindelgefühle, was aufgrund meiner Erfahrung jedoch kein Anzeichen einer Schädigung ist und was auch schnell wieder vergeht.

Wir unterscheiden zwischen *Brustatmung* und *Bauchatmung;* die seitliche *Flankenatmung* sollte bei beiden Formen beteiligt sein. Oft sind jedoch Brust und Seiten so gut wie unbewegt, was wiederum auf Kosten des Fühlens geht. Oder die Brustatmung ist betont, und im Bauch »steht alles still«, was die Durchsetzungskraft schwächt und Ängstlichkeit zur Folge hat, aber die Gefühle besonders hervorkommen läßt. Doch die starke Betonung der Gefühle mag hier durchaus auch zuviel des Guten sein.

Die Art der Atmung wirkt sich auf den gesamten Kreislauf aus, so daß wir mit bewußtem Atmen viel für unsere Gesundheit tun können. Bauch- und Brustatmung, zusammen praktiziert, ergeben die *natürliche Vollatmung.*

Die weisen alten Chinesen waren der Ansicht, daß ein »wahrer Mensch« neunmal in der Minute ein- und ausatmet. Das entspricht einer tiefen Entspannung, wie sie als Alpha- bis Thetazustand der Gehirnwellen gemessen werden kann. Ein Europäer atmet hingegen sechzehn- bis zwanzigmal pro Minute, also etwa doppelt so schnell. Wenn nun das Herz viermal pro Atemzug schlägt, ist das harmonisch und Zeichen einer guten Zusammenarbeit zwischen Herz und Lunge.

Entspannungsübungen für eine gesunde, tiefe Atmung

Innehalten, Erholen, Genießen und Erspüren der Geheimnisse des Lebens – all das ist nur in der Entspannung möglich. Nichts werden wir vom Wesen irgendeines Lebewesens, eines Gegenstandes oder einer Situation mitbekommen, wenn wir nicht lernen, uns in eine ruhige Haltung des Gewahrseins zu versenken, die wirkliches Verstehen und Begreifen erlaubt.

Innere und äußere Belastungen führen zu Muskelverspannungen, und jede Muskelverspannung blockiert die Atmung. Die Anspannungen werden vornehmlich in zwei Bereichen spürbar: im Bereich Kopf, Nacken und Schultergürtel mitsamt den Armen sowie im Beckenbereich (Gesäß- und Afterschließmuskel) bis hin zu den Oberschenkeln, mitunter auch Waden und Füßen.

Abgesehen davon, daß wir Menschen generell leider allzu häufig verspannt sind, scheint es zwei ganz verschiedene *Spannungstypen* zu geben: Die in der oberen Körperhälfte Verspannten haben eher Probleme mit einer Handlungsschwäche, die aus einer Art Eigensinn resultiert und deshalb durchaus auch in Überkompensation ausarten kann. Die unterhalb ihrer Gürtellinie verkrampften Menschen sind eher weich und liebenswürdig; die verspannten Beine und ein angespanntes Becken lassen sie jedoch auf ihrem Weg nur langsam vorankommen.

Die Menschen beider Spannungstypen leiden an falschen Vorstellungen über die Welt und ihren individuellen Platz darin. Dem ersten Typus des oben Verspannten fehlt die Horizontale: das Handeln und Ausgreifen in die Welt. Oder er zeigt zuviel davon, was der Persönlichkeitsentwicklung keineswegs zuträglich ist. Zu diesem Typus gehören paradoxerweise oft sehr erfolgreiche Menschen – erfolgreich auf Kosten ihrer Geborgenheit und Gefühlswelt. Dem Typus des unten Verspannten fehlt es an der vertikalen Ausrichtung. Diesen Menschen mangelt es an Selbstvertrauen und Durchsetzungskraft; so scheinen sie auf ihrem Lebensweg stets mit Hindernissen und Schwierigkeiten zu kämpfen zu haben.

Doch wie gelingt es mir, mich gut und tief zu entspannen?

Yoga, autogenes Training, Massage, Gymnastik und viele andere Formen der Körper- und Psychotherapie helfen, allzu Verhärtetes zu erweichen und so den Fluß der Dinge wieder in Gang zu bringen und die Proportionen zurechtzurücken. Das im nächsten Kapitel beschriebene zweite Rebirthing-Element der vollständigen Entspannung bildet ebenfalls eine ausgezeichnete Grundlage für jede Meditation, für jedes Ausruhen und Stillewerden. Auch durch Ernährung läßt sich vieles durchlässiger machen.

Das Lockern des Kopfbereichs

Das Lockern des Kopfbereichs bringt uns allgemein vom »Im-Kopf-Sein« mehr in die Mitte zu unserem eigentlichen Schwerpunkt im Bauch-/Beckenbereich, dem Ausgangspunkt jeder meditativen Lebens- oder Betrachtungsweise. Es ist eine unserer moder-

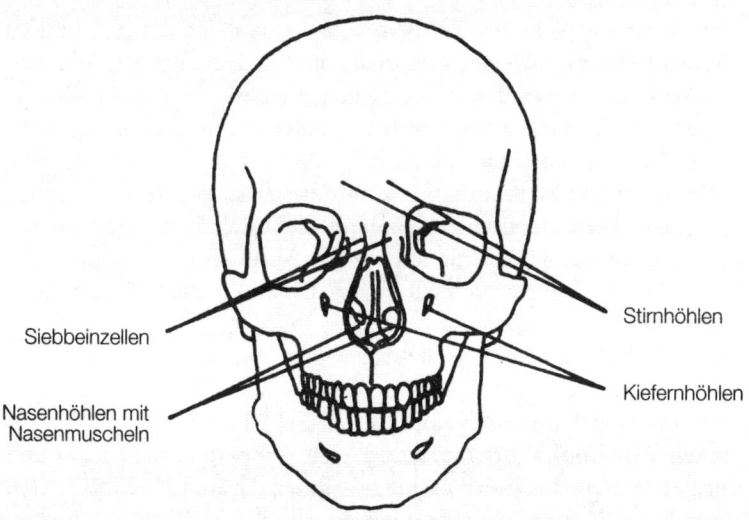

Siebbeinzellen

Nasenhöhlen mit
Nasenmuscheln

Stirnhöhlen

Kiefernhöhlen

Die (oft verschleimten) Höhlen des Kopfes

nen Zivilisationskrankheiten, zu sehr im Kopf zu leben und damit
den Kontakt zu unserer Basis, der Erde, zu schwächen. Wir werden
dadurch zu »luftig«; diese Einseitigkeit führt zu Verkrampfungen
in und über unseren Schultern. Lieber sollten wir unsere physisch-
seelisch-geistigen Kräfte in der Körpermitte sammeln, wo ihre lok-
kere Konzentration uns fähig macht, die durch Kontemplation
empfangenen Ideen auch erfolgreich in irdische Handlungen umzu-
setzen, das heißt unsere Träume zu verwirklichen.

Im Kopf gibt es zahlreiche Hohlräume, die – zum Teil durch
unsere moderne Lebensweise bedingt – meist mehr oder weniger
verstopft sind. Viele Menschen haben sich so sehr an diesen Zustand gewöhnt, daß sie ganz überrascht sind, wenn diese Hohlräume frei werden und sie plötzlich ein Gefühl großer Klarheit und
Leichtigkeit verspüren.

Wir bekommen die verstopften und verschleimten Kopfhohl-
räume frei, indem wir auf unsere Ernährung achten, genügend
trinken, uns pflegen und möglichst beim Naseputzen nicht in ein
Tuch schneuzen, sondern den Schleim hinaufziehen und dann aus-

15

spucken. Wir sollten außerdem öfter einmal für einige Minuten bewußt atmen und jeden Tag, auch am arbeitsreichsten, wenigstens einige kurze Pausen der Stille einlegen, die unserer Dreiheit Körper–Seele–Geist Gelegenheit geben, wieder aufzutanken. Ich empfehle, diese Pausen mit Übungen zu beginnen, die das berühmte amerikanische Medium Edgar Cayce beschrieben hat. Diese einfachen Übungen sind überaus wirksam; sie sollten jedoch regelmäßig ausgeführt werden. Da sie nur wenige Minuten in Anspruch nehmen, können wir sie auch gut in Arbeitspausen, beim Spazierengehen, Lesen oder Warten auf den Bus machen. Sie sollen auch bei Tinnitus (Ohrgeräuschen) helfen.

Kopfkreisen: Langsames Kopfkreisen rechtsherum und linksherum sowie den Kopf je dreimal ruhig nach den Seiten, nach vorn und hinten senken »bis zum Anschlag« – und nach ein wenig Innehalten jeweils noch etwas weiter senken.

Augenkreisen: Augen kreisen lassen, einer imaginären Acht folgend; ebenso ringsherum, nach rechts und links sowie schräg nach oben und unten – mit offenen und geschlossenen Augen. Zum Schluß die geschlossenen Augen kurz mit den Fingerspitzen pressen, dann für ein paar Minuten die Hände auflegen.

Stirnhöhlenübung und Gesichtslockerung mit Tiefenwirkung: Wir beginnen damit, uns die Kopfhöhlen als luftig, leicht und leer sowie in einem steten Austausch mit der Außenwelt vorzustellen. Auch kann man sich den eigenen Kopf für einige Minuten mindestens zweimal größer denken, einem Luftballon vergleichbar, der mit einem Licht gefüllt ist, das von Gold über Orange zu Rosa changiert. Solche Imaginationsübungen sind in ihrer Wirkung nicht zu unterschätzen. Wer mehr Zeit zum Üben hat, kann zudem folgendes tun:

▷ Grimassen schneiden,
▷ Nase rümpfen und Fingerkuppenmassage der Nase mit Zeige- und Mittelfinger,

▷ die Luft bewußt an der Nasenwurzel vorbeiströmen lassen,

▷ Töne singen oder summen,

▷ Düfte schnuppern,

▷ die Ohren tüchtig reiben, auch den Bereich hinter den Ohren,

▷ die Kiefer klappern lassen,

▷ die Zunge nach allen Richtungen bewegen (äußerst wichtig, da an der Zunge Speiseröhre und Zwerchfell aufgehängt sind, die Zunge bei fast allen Menschen steif ist und so das Zwerchfell an seiner Arbeit hindert, was wiederum zum schwachen Atmen führt),

▷ mit den Fingerspitzen Kopf und Gesicht klopfen,

▷ den Nacken kräftig streichen,

▷ sich selbst über die Schulter sehen, auf jeder Seite jeweils wieder »bis zum Anschlag«,

▷ die Backen aufblasen,

▷ lachen, weinen, riechen, pfeifen, gähnen, schnuppern, rülpsen, husten, singen, seufzen, niesen, blasen, blubbern, tönen, röcheln…

Gerade letztere »Übungen« sind sehr wirksam, um den natürlichen Atemimpuls anzuregen. Wer hier besonders viel in Ordnung zu bringen hat, kann zusätzlich in das Buch von Hiltrud Lodes hineinschauen (siehe Literaturverzeichnis). Man sollte den Impuls zum Rülpsen oder lauten Gähnen, der bei den Übungen oft spontan auftritt, nicht unterdrücken. Wer sich hier geniert, verkneift sich eine enorme Gelegenheit zum Entspannen. Verkneifen heißt immer Verspannen!

Wenn wir uns nun mit Hilfe dieser Übungen entspannt haben, können wir nach einigen Minuten erfrischt an die Arbeit zurückkehren – ohne Kaffee trinken zu müssen – oder für eine längere Phase der Stille den Körper vom Scheitel bis zur Sohle vollständig lockern, bis wir dann von den Füßen heraufkommend mit der Aufmerksamkeit in unserer Bauchgegend bleiben und mit einer Meditation oder mit einer Atemsitzung beginnen.

Weitere einfache Lockerungsübungen

Schulterbereich und Nacken: Ähnlich verspannt wie der Kopfbereich fühlt sich bei vielen auch der Schultergürtel an. Eine ebenso einfache wie wirksame Übung zur Lockerung ist das Kreisen beider Arme im gleichen Takt in beide Richtungen und in allen Variationen. Der Durchfluß wird auch angeregt, wenn wir nicht nur die Arme, sondern ebenso die Beine in schneller Bewegung hin und her schlenkern. Für die Entspannung des Nackens ist es hilfreich, sich auf alle viere niederzulassen und den Kopf mit dem Scheitelpunkt vorne auf dem Boden aufzusetzen. Nun langsam den Kopf vorwärtsrollen, bis die Nackenmuskeln total gestreckt sind, dann wieder zurückrollen. Mehrmals wiederholen. Diese Übung sorgt für eine bessere Durchblutung der Kopfregion und ist gut gegen Kopfschmerzen.

Zwerchfell: Schnupperndes Nasenatmen ist ein ausgezeichnetes Training für das Zwerchfell, das gleichzeitig »eingerostete« Nasenflügel entspannt. Eine bessere Zwerchfellbewegung fördert die Atmung sowie die Durchblutung im Brust- und Bauchraum.

Bauch und Becken: Wer sich auf seine Atemübungen besonders gut vorbereiten will, kann auf der Stelle laufen und zusätzlich den Rumpf hin- und herdrehen, wobei die Hände und Arme in die entgegengesetzte Richtung fliegen. Diese intensiven Bewegungen führen zu guter Entspannung. Die Übung kann man – je nach Stärke und Ort der Blockierung im Körper – zu schneller Pop- und Jazzmusik machen oder zu Trommelklängen.

Eine weitere Möglichkeit ist, das Becken im Liegen oder Stehen wie beim Sex vor- und zurückzubewegen oder im Liegen mit dem Becken rhythmisch leicht auf den Boden zu klopfen.

Wer im Beckenbereich sehr verspannt ist, kann sich am Boden liegend rücklings vorsichtig über eine Rolle lehnen (Durchmesser zwischen acht bis dreißig Zentimetern), dabei die Rolle langsam vom Becken zum Rücken hochschieben. Vorsicht: Das kann zuerst sehr weh tun.

Auch das Ein- und Auswärtsbewegen beider Füße – auf dem Rücken liegend und ohne Rolle – hilft bei verspanntem Becken.

Anus: Bewußt den Anus an- und wieder entspannen. Es ist sehr nützlich, dies mehrmals täglich zu üben.

Beine und Füße: Zur Vorbereitung von Atemübungen oder auch während einer Atemsitzung (wenn man »wegzuschlafen« droht) sind Bewegungen der Beine in allen möglichen Variationen hilfreich: »Radfahren« im Liegen, Fußkreisen, Auf- und Abbewegen der Zehen und so weiter.

Geistige Lockerung: Eine wunderbare Hilfe zum geistigen Lockern ist die Vorstellung, daß wir im Sonnenschein über eine blühende, duftende Wiese laufen und dabei unsere Arme seitwärts wie ein Schmetterling leicht auf- und abschlagen.

Diese Übung läßt sich auch konkret beim Spazierengehen durchführen. Kinder machen diese Bewegungen oftmals ganz spontan. Falls wir bei den Passanten damit zuviel Aufsehen erregen würden, reicht es aber auch aus, sich beim Gehen das »Flügelschlagen« geistig vorzustellen.

Übrigens sollte man sich bei Visualisierungs- und geistigen Entspannungsübungen, bei Mentalarbeit und ähnlichem nicht total auf den Bereich vor dem Dritten Auge konzentrieren, sondern seinen inneren Bildschirm bis etwa in Herz- und Bauchbereich hinein vergrößern und einige Zentimeter *vor* dem Körper entstehen lassen.

Die acht chinesischen Schatzstücke

Aus dem alten China kommt eine Übungsfolge, die sowohl außerordentlich einfach zu praktizieren ist als auch große Wirkung zeigt. Körper und Geist können damit wunderbar auf eine Meditation oder auf Atemübungen vorbereitet werden. Die Übungen wirken sehr beruhigend und lösen die Knoten im Gehirn.

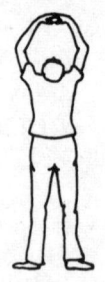

1. Den Himmel hochhalten
Stärkt den ganzen Körper. Regt
Atmung und Kreislauf an.
Entspannt die Schultern.
Sechsmal üben.

2. Den Bogen spannen
Regt die Atmung an. Stärkt Arme,
Schultern und Beine. Fördert die
Konzentration.
Dreimal zu jeder Seite üben.

3. Wechselseitig die Hände heben
Unterstützt das Verdauungssystem,
besonders Magen und Milz.
Sechsmal üben.

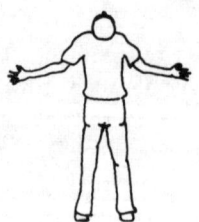

4. Nach hinten blicken
Stärkt und regt Atmung und
Nervensystem an, wirkt darüber
hinaus auf die inneren Organe.
Beugt steifem Nacken vor.
Entspannt die Schultern und den
oberen Rücken.
Sechsmal üben.

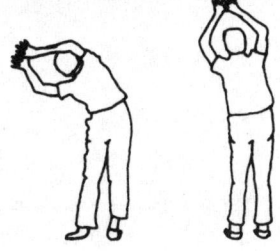

5. Kreisen
Stärkt die Verdauungsorgane und den Kreislauf. Entspannt den unteren Rücken.
Dreimal zu jeder Seite üben.

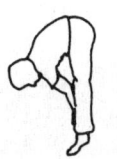

6. Auf den Füßen wippen
Gut für Nieren, unteren Rücken und Ischiasnerv. Verhindert Beinkrämpfe.
Sechsmal üben.

7. Mit geballter Faust und weit geöffneten Augen boxen
Entspannt Brust und Arme. Stärkt die inneren Organe, besonders die Leber. Bringt Energie in den Körper.
Ein- bis dreimal üben.

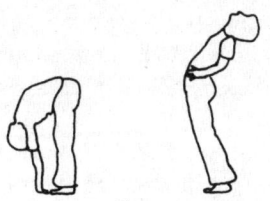

8. Nach vorn und zurück beugen
Verjüngt und stärkt die inneren Organe, besonders die Nieren.
Siebenmal üben.

Die Arbeit mit dem Atem

Bewußtes Atmen schenkt eine Art Befreiung von der Zeit, für einige Minuten ein Entrücken in eine andere, angenehmere Sphäre des Seins. Konzentrierte Atemübungen sind nur *eine* Möglichkeit, dahin zu gelangen, eine von vielen. Zufällig geschieht es auch dem Jogger, beim Schwimmen in Todesnot, im gefahrvollen Erklimmen einer Felswand. Es passiert beim Holzhacken.

Es gibt viele verschiedene Atemmethoden. Sie sind so vielfältig und basieren auf so unterschiedlichen philosophischen Grundlagen – von modernen wissenschaftlichen über spirituelle Richtungen des Yoga, Taoismus und Zen bis zu streng geheimgehaltenen Praktiken –, daß sie für mich nicht in ein Schema einzuordnen sind. Es geht auch gar nicht darum, nach einer bestimmten Schule, nach Vorschrift zu atmen, sondern darum, sich selbst über den Atem zu erspüren.

Natürlich ist etwas Mut zum Ausprobieren nötig, nicht nur für den Anfänger, bei dem es erst einmal wichtig ist, die nötige Disziplin über einen längeren Zeitraum hinweg aufzubringen, sondern gerade auch für den »Gewieften«, der bereits in einer Richtung Könner ist. Für ihn mag es sehr wichtig sein, sich auch einmal von den Grenzen seiner Atem-»Zunft« lösen zu können, um durch neue Impulse seinen Gegenstand, den Atem, noch besser kennenzulernen.

Nicht immer endet eine Atemsitzung mit dem Erleben von Stille, innerer Gewißheit, Geborgenheit und Leichtigkeit. Von »das Göttliche schauen« bis »fast nichts passiert« sind alle Nuancen denkbar. Wir haben während langer, langer Zeiten viele Schichten um unseren Kern, unsere göttliche Essenz, abgelagert; seien wir also geduldig mit uns selbst.

Die Arbeit am Atem ist spannend; durch sie werden die Vorgänge um Körper, Seele und Geist bewußter. Atemschulung birgt eine immense Möglichkeit sowohl der Reinigung von physischen Schlacken als auch des Aufbrechens von emotionalen Blockierungen und verdrehten Gedankenmustern durch Erhöhen der Schwingung aufgrund des zugeführten Pranas. Atemübungen, Psychotherapie, alle Formen von Massage und andere Methoden unterstützen sich dabei gegenseitig. Das Erspüren feinster Energien wird intensiv erfahren und erlernt, die Kommunikation gefördert. Auch die Stimme, die für die Macht des gesprochenen Wortes, das fünfte Chakra, die fünfte Dimension und damit für die Wertschätzung von uns selbst steht, wird voller und geübter. Die Sätze fließen sinnvoller; Vielrednerei hört auf, doch haben wir plötzlich mehr zu sagen.

Selbsterfahrung über den Atem ist tiefgreifend. Durch spezielle Atemübungen, die früher nur Eingeweihten der Mysterienschulen oder Mitgliedern von Geheimbünden zugänglich waren, können wir in erweiterte Bewußtseinszustände eintreten. In ihnen erhalten wir Antworten zur Lösung von Lebensfragen; hier tauchen wichtige Ereignisse aus unserer persönlichen Existenz wieder empor.

Meine Beobachtung nach etlichen Jahren der Erfahrung mit dem Atem an mir, an Freunden und Klienten hat mich jedoch gelehrt: Die Kunst besteht darin, nichts zu wollen, sondern zu lassen. Den Atem nicht anhalten, zwingen oder drücken! Sonst passiert das Gegenteil des sehnlichst Erwünschten: Verspannung. Lieber horchen, lauschen, offen sein, abwarten. Dann kommt irgendwann der Klick, der automatische, tiefe, sanfte, langsame, bewußte und doch auch auf höherem Niveau gesteuerte Atem.

Wir sind gewöhnt, alles zu »machen«, deshalb liegt hier das größte Hindernis. Aber mit fortschreitender Übung wird der Atem immer tiefer und länger, die Gefängnismauern unserer falschen Vorstellungen weichen immer weiter auseinander, die Empfindung wird präziser. Wir richten uns zunehmend heliozentrisch statt geozentrisch aus. Die Sonne, der Geist, wird zur Richtschnur, durch die wir Erdgebundenheit und Ego überwinden und uns vielleicht sogar die verschütteten Kommunikationskanäle zu Sternengeschwistern wieder erschließen.

Die Technik des Rebirthing

Das Rebirthing ist eine wirkungsvolle Atemtechnik, die ihren Namen dadurch erhalten hat, weil sie bei der Stimulation von Traumata zum Zweck der Heilung uns bis zum Geburtserlebnis zurückführen und uns darüber hinaus auch den Zugang zu sogenannten früheren Leben (past lives) eröffnen kann. Der Amerikaner Leonard Orr entwickelte die Methode ab 1972, zuerst als Rebirthing in warmem oder kaltem Wasser, dann führte er das heute praktizierte Trockenrebirthing ein.

Mit dem Rebirthing hatte Leonard Orr allerdings eine viel ältere Technik wiederentdeckt: den Kriya-Yoga, eine Atemtechnik zur Bewußtseinsentfaltung. Dieser Kriya-Yoga, über den Paramahansa Yogananda in seiner Autobiographie schreibt, ist eine uralte Yoga-Methode Indiens. Kriya leitet sich aus derselben Sanskritwurzel ab wie auch das Wort Karma, nämlich »kri«. Das bedeutet die Vereinigung mit dem Unendlichen durch eine bestimmte Handlung, hier durch das Atmen als einem Ritus. Die alten Schriften besagen, daß man sich durch dieses ritualisierte Atmen langsam von seinem Karma befreien könne. Dem Blut wird demnach Sauerstoff in einer besonderen, energieangereicherten Form zugeführt. Dieser »Lebensstrom« belebe das Gehirn und die Energiezentren, die Chakren. Der normale Zellverfall im Körper werde dadurch verlangsamt, gar aufgehoben. Der Körper verjünge sich und verwandle seine Zellen in reine Energie.

Wer als geübter und fortgeschrittener Eleve einer Atemschule etwa einen Monat lang jeden Tag für eine oder zwei Stunden auf besondere Weise atmet, kann sich und seinen Körper tatsächlich als reine Energie erleben – als meta-physisch, also jenseits der Materie liegend.

Der im zweiten Jahrhundert vor unserer Zeit lebende indische Philosoph Patanjali, Autor der berühmten Yoga-Sutren, die das klassische Yoga-System bilden und als Grundlage des Raja-Yoga gelten, definiert Kriya so: Körperdisziplin (durch Atmen) ist Beherrschen der Gedanken, ist Meditation über OM (Gott) und bringt die ewige Freiheit.

Den Schriften zufolge benötigt der Mensch durchschnittlich 10^6 Jahre zur Entwicklung des kosmischen Bewußtseins. Das hieße, daß er sich durch acht Stunden ritualisierten, bewußten Atmens etwa eintausend Entwicklungs- beziehungsweise Erdenjahre sparen könnte. Elias, Jesus, Kabir, Johannes, Paulus und viele andere waren Meister in der Beherrschung des Kriya oder ähnlicher Techniken.

Es gibt eine mathematische Beziehung zwischen der Atemgeschwindigkeit und menschlichen Bewußtseinsstadien. Schnelles Atmen (zum Beispiel bei Angst) bringt unsere Aufmerksamkeit nach außen. Bestimmtes langsames Atmen erhöht unsere Konzentration und führt uns nach innen, in die Stille und ins Einvernehmen mit dem Unendlichen, dem Kosmischen und Göttlichen. Die Lebenskraft kann daher durch Kriya bewußt in die Sinne, also nach außen in den Körper, geleitet oder abgeschaltet werden. So sind wir von Gedanken frei, wenn wir ihrer nicht bedürfen.

Atem besteht aus Einatmen, Ausatmen und den beiden Pausen dazwischen. Man kann nun alle Phasen gleich betonen oder aber Schwerpunkte bilden, indem man zum Beispiel das Einatmen besonders betont. Außerdem können Länge und Tiefe der Atemzüge variieren. All das hat natürlich unterschiedliche Auswirkungen. Beim Rebirthing legt man Wert auf das sogenannte Verbund- oder Kreisatmen, wobei zwischen Ein- und Ausatmen keine Pausen entstehen und die Atemzüge so tief und lang sein sollen, wie es ohne Verkrampfung möglich ist – mit leichter Betonung des Einatmens und Konzentration auf die Hebung des Brustkorbs, etwas weniger der Bauchregion.

Eine Rebirthing-Sitzung dauert im allgemeinen eine Stunde, in besonderen Fällen auch zwei bis vier Stunden oder länger. Vorangehen kann ein Gespräch und/oder Lockern des Körpers je nach Erfahrung des Klienten und der sonstigen Ausbildung des Begleiters oder Atemlehrers. Die Atemsitzung ist beendet, wenn genügend verdrängtes Material an die Oberfläche gelangte und es integriert wurde. Der Atmende verspürt dann ein gutes Gefühl, manchmal sogar Ekstase. Der Atem geht wie von selbst (Atembefreiung). Wenn Kernglaubenssätze aktiviert sind, kann sich der Klärungsprozeß durchaus auch über zwei oder mehrere Sitzungen hinziehen. Es macht sich dann am Ende der Sitzung eine gewisse Desorientierung bemerkbar. Die nächste Sitzung sollte dann baldmöglichst anberaumt werden.

In den meisten Fällen genügen etwa zehn solcher Sitzungen für eine allgemeine Reinigung von Traumata in Körper und Geist, wobei nach meiner Erfahrung meist zwischen der fünften und siebten Sitzung eine Art Krise und kathartische Wende eintreten, wenn Klient und Begleiter durchhalten. Für mich ist es dabei wichtig, daß der Begleiter auch in seinen eigenen inneren Prozeß hineingeht und sich als Therapeut nicht vornehm herauszuhalten versucht.

Pro Sitzung wird meist zwischen fünfundvierzig und sechzig Minuten nach der Rebirthing-Methode geatmet (reine Atemzeit). Anfänger und mit schweren Problemen Belastete schaffen oft nicht mehr als eine halbe Stunde.

Es können zu Beginn Versteifungen an all den Stellen auftreten, wo wir uns durch Erziehung und soziale Tabus dazu anhalten, uns etwas zu verkneifen. Dort fließt dann wenig Energie. Durch das Atmen gelangt nun mehr Energie an diese Stellen, und bevor die Blockaden durchbrochen sind, werden uns bestimmte Phänomene zu schaffen machen. Gewöhnlich sind die Hände betroffen (nicht den wahren Zielen entsprechend handeln) oder der Mund (sich nicht wirklich ehrlich äußern), seltener die Füße (nicht für sich selbst einstehen). Diese Körperteile können summen, kribbeln, kalt oder heiß werden und steif, was bei den Händen manchmal bis in die Arme und Schultern ziehen mag und in einigen wenigen Fällen sogar als recht schmerzhaft empfunden wird, bevor die Prana-Energie die Wege wieder freimacht.

Während der Sitzung ergibt sich nach ungefähr fünfundzwanzig Minuten ein Vibrieren, das sich mit wechselnder Stärke über den gesamten Körper ausbreiten kann und uns ein Gefühl des Schwebens, des Glücks und der Verbundenheit mit etwas Größerem verleiht. Und dann geht der Atem auf einmal ganz von selbst, wir müssen ihn nicht mehr machen. Manche Menschen erleben dies Vibrieren allerdings als ängstigend. Entsprechende mentale Muster sind die Ursache: Freiheit wird verboten – ein weitverbreiteter schädlicher Glaubenssatz.

Nach ungefähr fünf Rebirthing-Sitzungen kann es ein besonderes Phänomen geben, das Atembefreiung genannt wird. Es stellt gleichzeitig eine Energiebefreiung dar, die den Atem wieder tiefer und rhythmischer macht. Auch erleben wir erneut unsere Geburt, lösen das damit häufig verbundene Trauma des ersten schmerzhaften Atemzugs auf und normalisieren dadurch ebenfalls unseren Atem. Danach geht es mit dem Auflösen anderer Begrenzungen Schicht für Schicht weiter, bis hin zu früheren Leben, Besessenheiten und »guten« oder »bösen« Stimmen in uns.

Das Schöne an diesen Atemsitzungen ist, daß wir sie nach einer relativ kurzen Zeit (gewöhnlich um die zehn Sitzungen, manchmal allerdings auch weniger oder viel mehr) selbst praktizieren können. Es ist eine echte Do-it-yourself-Methode. Der meditative Rebirthing-Verbundatem ist schnell gelernt, größere Hindernisse sind nur das berüchtigte »Wegschlafen« und das »Ins-Drama-Kommen«. Sind sie gemeistert, ist in der Regel kein Begleiter mehr notwendig; das Kriya-Atmen wird vielmehr für den Geübten zum ständigen Begleiter: beim Spazierengehen, Autofahren, Einkaufen, später sogar beim Reden. Wer diese Atemweise über längere Zeit praktiziert, wird einerseits selten oder gar nicht mehr von Krankheiten heimgesucht, und wenn es doch einmal vorkommen sollte, ist der Krankheitsverlauf kurz und sanft. Stete Gesundheit ist eine feste Begleiterin bewußten Atems. Andererseits bringt uns das bewußte Atmen mit den geistigen Seiten unseres Wesens sehr intensiv in Verbindung und leitet eine Entwicklung ein, die immer neue und neue Schichten in uns zum Vorschein bringt. Diese Reise in die Tiefe macht uns leichter und lichter, sie führt uns in die Übereinstimmung mit unserer Seele. Sie ist jedoch nicht immer angenehm: Eine umfassende Reinigung von uralten unangemessenen Denkmustern kommt in Gang.

Bewußtes Atmen nach der Rebirthing-Methode sollte für den Anfang nicht zu oft stattfinden. Einmal wöchentlich mag für lange Zeit die Norm sein. Täglich eine Stunde bewußt zu atmen kann, außer zu Schwindelgefühlen, starkem Kopfweh und Übelkeit, dazu führen, wie Goethes Zauberlehrling böse Überraschungen zu erleben. Eine zu hohe Intensität wird möglicherweise für den Unerfahrenen das Einhaken in schmerzhafte Kindheitserinnerungen und Traumata früherer Leben zur Folge haben, von denen er nicht so leicht wieder loskommt. Diese Restimulation von Vergangenem ist dann wie eine – meist leidvolle – zusätzliche Brille, durch die wir nun das Jetzt sehen, das wir ohnehin nicht klar wahrnehmen können, solange wir noch unsere diversen gewöhnlichen Traumata mit uns herumtragen. Diese zusätzliche Betrachtungsbrille schwächt uns und kann uns bewußten und unbewußten Einflüssen von außen gegenüber hilfloser als sonst machen. Selbstverständlich spielt hier auch die generelle seelische Verfassung jedes Menschen mit hinein. Wer grundsätzlich sehr geerdet ist, wird für solche »Entgleisungen« längst nicht so anfällig sein wie jemand, der sowieso labil ist beziehungsweise leichten Zugang zu anderen Dimensionen hat. Eine vorzeitige und schnelle Öffnung ist hier nicht angebracht. Alles hat seine Zeit, und Gewaltsamkeiten zahlen sich nie aus, selbst wenn sie angeblich für einen guten Zweck gedacht sind, in diesem Fall für die eigene Entwicklung.

Auch wer sich selbst bereits perfekt »rebirtht«, wird einen Austausch mit einem Atemlehrer von Zeit zu Zeit nützlich finden. Wir trauen uns unter verständiger und liebevoller Begleitung in großen Dingen einfach mehr zu und schreiten schneller voran. Die Energieunterschiede vor und nach der Sitzung sind dann nicht mehr so gravierend wie beim Anfänger (siehe auch Abbildung 16). Wir erleben mehr Ausgeglichenheit, weil die Hochs und Tiefs unserer normalen Stimmungen langsam wegzufallen beginnen und wir im allgemeinen auf einer höheren Energieebene leben als früher. Da gibt es dann nicht mehr diese Dramen wie einst, sondern viele unsichtbare Wege, auf denen wir unsere Päckchen abgeben dürfen. Wir erfahren dabei mancherlei Zusammenhänge über unsere Beziehungen nach außen zu anderen Menschen und Dingen sowie nach innen über kosmische Gesetze und unsere geistigen Helfer. All das wird unter Zähneknirschen, aber auch mit viel Lachen vor sich gehen, denn Humor ist eine der hervorstechendsten Auswirkungen bewußten Atmens und höherer Schwingungen.

Die fünf Elemente des Rebirthing

Das Rebirthing als ganzheitlich wirkende Atemtechnik kann, wie bereits angeführt, in relativ kurzer Zeit präzise erlernt und dann selbständig zur Bewußtseinsentfaltung genutzt werden. Es eignet sich überdies gut zur Kombination mit mentalen Techniken. Für eine effektive und erfolgreiche Arbeit mit der Rebirthing-Methode sind zusammenfassend fünf Elemente zu beachten:

1. Verbund- oder Kreisatem.
2. Vollständiges Entspannen.
3. Ständiges Bewußtmachen der in der Sitzung auftretenden Vorgänge in Körper, Seele und Geist.
4. Alles freudig bejahend aufnehmen.
5. Alles, was ich tue, ist in Ordnung und wirkt. Ich kann gar nichts falsch machen!

1. Verbund- oder Kreisatem

Diese Atemart besteht aus folgenden Komponenten:

▷ Ein- und Ausatem sind so miteinander verbunden, daß dazwischen keine Pausen entstehen.

▷ Der Ausatem ist ganz entspannt und wird überhaupt nicht kontrolliert, das heißt, es wird nichts »gemacht«; die Brust wird einfach fallen gelassen.

▷ Es soll entweder nur durch die Nase oder nur durch den Mund geatmet werden, so daß Aus- und Einatem auf dieselbe Weise erfolgen.

Daraus resultieren komplette Energiezyklen im Körper, so daß das Prana, das mit der Atemluft aufgenommen wird, harmonisch im Körper kreisen kann. Andere Quellen von Prana oder Lebensenergie sind Lebensmittel, Wasser oder Sonnenlicht.

Beim Verbundatem kommt eine wechselstromartige Energiebewegung zustande. Das Prana fließt beim Einatem bis in jede einzelne Zelle des Körpers, dort versorgt es den Stoffwechsel mit der nötigen Funktionsenergie. Die mit Abfallstoffen angereicherte Ausatemluft entweicht ganz von selbst, wenn sich nach tiefem Einatmen auf dem Gipfelpunkt der Atem umkehrt und zum Ausatem wird. Das muß nicht forciert oder kontrolliert werden, wenn der Einatem tief und bewußt genug ist.

Mit der Zeit kann der Atmer die aufeinanderfolgenden Atemrunden spüren, das heißt, er fühlt klar, wo die Runde im Körper durch Verspannungen, Verkrustungen oder Blockierungen unterbrochen ist. Durch diesen unterbrochenen Energiefluß beziehungsweise durch das »Anrennen« des Pranas gegen die Blockaden kommt es zur Aktivierung von alten negativen Mustern, so daß der Betreffende die Chance hat, sie zu integrieren.

Wenn wir diese Muster beim Atmen nicht genug spüren, können die Einatemzüge vertieft werden. Ist die Reaktion, die Aktivierung des alten Musters, zu stark, so brauchen die Atemzüge nur flacher gemacht zu werden. Auf diese Weise haben wir es in der Hand, ein Überwältigtwerden zu vermeiden. Wir können uns also in dem Grad von Unbrauchbarem reinigen, wie wir es vertragen, ohne in allzu große Ängste zu geraten oder befürchten zu müssen, durch eine zu starke Reinigung später den Alltagspflichten nicht mehr nachkommen zu können.

Es sollen zwar alle Vorkommnisse im Körper zur Kenntnis genommen werden, die größte Aufmerksamkeit gilt jedoch stets dem stärksten, dem am meisten aktivierten Muster, so daß wir nicht alles gleichzeitig angehen müssen! Der Atem kann sein:

▷ Voll und langsam. Das ist gut zum Starten oder wenn gerade ein Muster integriert ist. Die Atemtiefe läßt uns das Muster erkennen, und das langsame Atmen erleichtert die Konzentration darauf.

▷ Schnell und leicht. Das geschieht, wenn Muster heraufkommen und die Intensität dadurch zunimmt. Die Integration wird erleichtert und beschleunigt. Bei dieser Atemart soll auf alle Details geachtet werden.

▷ Schnell und tief. Das ist für solche Fälle gedacht, in denen das Muster droht, den Atmer aus dem Körper zu werfen, zum Beispiel bei Schläfrigkeit.

Was sonst noch auftreten kann:

Hyperventilation ist eine übermäßige Steigerung der Atmung, wodurch es im Blut zu jenem abnorm hohen Anteil an Sauerstoff im Verhältnis zum Kohlendioxid kommt. Dies kann zu Schwindelgefühlen führen. Wenn der Ausatem selbst bei schnellstem Atmen nicht forciert wird, braucht man keine Angst vor Hyperventilation zu haben.

Tetanie: Das zeitweise unfreiwillige Versteifen von Mund und Händen, manchmal auch von Füßen und Armen, wird Tetanie genannt und ist ebenfalls eine Folge des forcierten Ausatmens. Da es so schwer ist, den Ausatem wirklich nicht zu kontrollieren, treten Tetanien bei vielen in den ersten drei bis vier Atemsitzungen auf.

Die chemische Zusammensetzung des Blutes wird durch das rasche und tiefe Atmen verändert. Diese Stimulierung senkt den Kalziumspiegel, was wiederum bestimmte Empfindungen hervorruft wie Pelzigwerden von Körperteilen oder Summen und Prickeln besonders in den Fingern und um den Mund herum. Manchmal kann das bis zu einer Art Schüttelfrost oder zu Krämpfen gehen (Muskelspasmen). In Extremfällen kommt es auch zu Übelkeit und Erbrechen, was ich jedoch erst einmal in meiner Praxis erlebt habe. All diese Phänomene treten verstärkt bei Angst auf und werden durch die größere Lebendigkeit im Körper infolge des erhöhten Sauerstoffgehalts im Blut bewirkt.

Wenn der Atmende fühlt, daß ein Muster aktiviert ist und eine Umwandlung ansteht, so kann das seine Angst noch steigern. Das bevorstehende Abfallen alter Unterdrückungen und Blockierungen im Körper, im Fühlen und im Denken ruft oftmals den Eindruck hervor, als ob nun alles auseinanderbrechen wolle. In dieser Situation wird dann unbewußt alle Kraft aufgewendet, es beim alten bleiben zu lassen. Statt sich mit dem aktivierten Muster mutig zu konfrontieren und es zwecks Auflösung noch einmal durchzugehen, wird der Ausatem kontrolliert. Die Kontrolle kann sich physisch als Spannungszone manifestieren, die den Ausatem unfreiwillig preßt. Eine Tetanie oder das Syndrom der steifen Hände wäre somit ein Ergebnis von Widerstand gegen Desillusionierung und letztendlich gegen göttliche Energie.

Tetanien der Hand lassen sich verringern oder auflösen durch Massieren der Handinnenfläche und der Armbeuge (es gibt dort bestimmte Tsubos, das sind Energiepunkte) und durch ein Auf-die-Matte-Schlagen mit den Händen. Ich habe zudem gute Erfahrungen damit gemacht, dem Klienten einfach liebevoll die Hand zu halten, sie gleichzeitig leicht zu massieren und ihm gut zuzureden.

Ebenso kann es manchmal in dem Moment, in dem ein Muskel sein Verspannungsmuster aufgibt, zu Zuckungen oder zu einem leichten Vibrieren kommen. Es ist gut, dieses Vibrieren noch willentlich zu verstärken. Es hilft dem Muskel, in eine neue, entspannte Lage zu kommen. Mit steigender Aufladung bei fortschreitendem Atmen lassen all diese und andere körperlichen Störungen nach, und sie verschwinden mit zunehmender Integration.

Atembefreiung: Wenn wir im Alltag in die Nähe von Gedankenverdrehungen kommen, tritt ein unangenehmes Gefühl auf. Körperlich macht sich das bemerkbar, indem der Atemmechanismus auf Schmalspur gestellt wird. Das kann zum Beispiel erfolgen durch das Zusammenziehen von Muskeln, durch Spannung im Kehlkopf (»es schnürt mir die Kehle ab«), durch chronische Entzündung der Bronchien (Bronchitis, Asthma) sowie durch Unbeweglicherwerden des Zwerchfells und der Zwischenrippenmuskulatur. Auch Rauchen und Drogen wirken sich hier negativ aus sowie Haltungsgewohnheiten, bei denen gutes Durchatmen erschwert ist (Rund- und Hohlrücken, Hals und Schultern ein- beziehungsweise hochziehen, Becken zu weit nach hinten oder vorn kippen = »Entenpopo« beziehungsweise »Macker-/Machohintern«, Kopf hängen lassen, durchgedrückte Knie und angespannte Fußsohlen).

Das bewußte Verbundatmen erschwert diesen Unterdrückungsmechanismus und erleichtert die Auflösung von alten Verboten, die eine freudevolle Lebenshaltung behindern. Jedesmal, wenn wieder etwas bewußt atmend integriert worden ist, kann das Atmen freier werden. Die klassische Atembefreiung passiert, wenn die Atmer die oft unsäglich negativen Erfahrungen des ersten Atemzuges kurz nach der Geburt, die mit Todesangst zu tun haben, integrieren. Warmwasserrebirthing aktiviert sehr intensive Erinnerungen an geburtliche Vorgänge, während Rebirthing im kalten Wasser Versagens- und Todestraumata wieder heraufbringt und auflösen hilft.

Es scheint im Laufe langjähriger Atempraxis mehrere Atembefreiungen zu geben, wobei sich irgendwann auch das Zwerchfell völlig entspannt.

2. Vollständiges Entspannen

Da wir für unsere zahlreichen Unterdrückungsmechanismen ungeheure Energie verschwenden, ist eine möglichst weitgehende Entspannung eine immense Unterstützung für das erfolgreiche Konfrontieren und anschließende Integrieren alter Muster. Den Sitzungen vorangehende Spannungs- und Entspannungsübungen sind eine gute Hilfe, ebenso das Aussprechen von Befindlichkeiten bei mitfühlender Haltung des Begleiters sowie klare äußere Räumlichkeiten.

In der Sitzung selbst ist dann das Finden und Einnehmen einer bequemen Lage für die Dauer des Atmens wichtig, möglichst ohne sich von Jucken und Unruhe oder anderen auftretenden Symptomen vom eigentlichen Ziel, dem Erspüren und Anschauen des Heraufkommenden sowie dessen liebevoller und verzeihender Verabschiedung, ablenken zu lassen. Das Rebirthing muß nicht unbedingt im Liegen geschehen, für manche Integrationsmuster ist Sitzen, Hocken auf Knien und Ellenbogen oder gar Stehen besser, ebenso das Atmen im warmen oder kalten Wasser.

3. Ständiges Bewußtmachen der in der Sitzung auftretenden Vorgänge in Körper, Seele und Geist

Welche Gefühle und Gedanken kommen wann auf? Wo? Wie fühlt sich das an? Gibt es dafür Wörter, Bilder, Gesten, Symbole? Welches ist der beste Ausdruck für das, was mich im Moment bewegt? Was ist für mich das Schlimmste?

Wir sind aufmerksam und konzentriert, das heißt, wir nehmen alles in der Sitzung Auftretende ohne zu werten wahr. Wir lassen uns Zeit, bis der Körper geantwortet hat, nicht der Kopf. Energiemuster machen sich oft als Gefühle bemerkbar. Es können auch immer wiederkehrende sture Gedanken sein, ein Kitzeln im Zeh, ein stechender Schmerz irgendwo, der sonst nicht dort auftritt, die Erinnerung an einen Laut oder an einen Geruch. Wenn ein Muster integriert wird, verschwindet es einfach oder wird unwichtig. Es »juckt« uns nicht mehr, wir sind neutral. Oder uns fällt eine hervorragende Lösung für irgend etwas ein, das uns bedrückt. Wenn eine Schicht integriert ist, folgt gewöhnlich recht bald die nächste und so fort. Widerstände, die beim Aktivieren von Mustern auftreten können, sind:

▷ Unbewußtheit, das heißt, man kann die Energievorgänge im Körper nicht erspüren.

▷ Reden statt atmen.

▷ Wegdriften in Phantasien und Gedanken.

▷ Schläfrigkeit oder auch inneres Wegtreten.

▷ Drama (Ausagieren statt Annehmen von Emotionen, Sichwälzen in Gefühlen, statt sich mit ihnen auseinanderzusetzen. Lachen, genüßliches Kichern, Ekstase sind hingegen positiv und zählen nicht dazu).

▷ Sehen von Licht oder Hören von Mantren und so weiter, dadurch völliges Überwältigtsein oder Abgehobensein (bei denjenigen, die bestimmte Formen von Meditation praktiziert haben beziehungsweise deren astrologische Energiezusammensetzung derartige Zustände fördert).

▷ Chronischer Mangel an Kontakt zu den eigenen Gefühlen (»Da ist doch nichts«, »Es ist alles o. k.«, »Ich fühle absolut nichts«; tritt bei sehr unterdrücken Personen auf).

▷ Atemanhalten; tritt auf, wenn einige Persönlichkeitsanteile integrationswillig sind, andere nicht. Plötzlich hört der Betreffende auf zu atmen. Er geht aus dem Körper und »diskutiert die Lage«. Nach einiger Zeit kommt er zurück, meist mit einigen heftigen Atemzügen. Diese »Selbsthilfe« ist völlig in Ordnung, nur ist sie streng vom Widerstandswegdriften zu unterscheiden! In letzterem Fall sind Aufwecken und Beim-Atmen-Halten wichtig. Das verlangt dem Begleiter dann meist sowohl eine gehörige Portion Geduld als auch Strenge ab.

Schläfrigkeit bei Widerstandswegdriften kann auch beseitigt werden durch Hochhalten der Arme, Atmen im Knien oder im Sitzen oder Stehen, Stehen auf einem Bein. Für Ausnahmesituationen: Die Badewanne mit kaltem Wasser füllen und darin atmen lassen.

Es gibt jederzeit etwas im Körper zu fühlen! Statt uns von wundervollen oder grausigen Szenarien oder unnützen Gedankenrädern einfangen zu lassen, können wir uns gleich von Beginn der Sitzung an auf diese vielen kleinen und großen Zeichen im Körper konzentrieren. Das unterstützt den Klärungsprozeß und übt ganz nebenbei auch noch enorm die Konzentrationsfähigkeit, die wir zum höheren Denken so dringend benötigen.

Wenn jemand am Sitzungsende berichtet: »Es ist gar nichts passiert«, so kann das wahr und doch nicht wahr sein. Auf alle Fälle ergibt jedes intensive Atmen einerseits eine Ankurbelung des Kreislaufs und Stoffwechsels und damit eine Reinigung und Heilung verschiedenster Vorgänge auf allen Ebenen. Doch solange andererseits ein Muster noch subtil ist, mag es ignoriert werden. Das ständige Bewußtmachen aller Vorgänge beim Atmen hingegen verhindert, daß ein Muster sich drastisch bemerkbar machen muß, und so kann das Rebirthing sanft vor sich gehen.

4. Alles freudig bejahend aufnehmen

Alles das, worin wir anderen und vor allem uns selbst gegenüber nicht vollkommen aufrichtig sind, macht uns unfrei. Es bildet das Gefängnis unserer körperlichen Verspannungen und Krankheiten und verursacht die Knoten in unserer Gefühls- und Gedankenwelt. Jede Lüge läßt uns seelisch mehr verwahrlosen, und im Grunde wissen wir sehr wohl darum. Zumindest ist eines ganz klar: Solange ich von mir selbst in irgendeinem Bereich annehme, daß ich »etwas falsch mache«, »es nicht wert bin« oder »nicht gut genug bin«, solange erkenne ich lediglich das Niedere in mir an, nicht auch das Höhere. Und das ist eine Lüge.

Alles, was ist, ist in Ordnung! Einfach deshalb, weil es existiert. Nehme ich im Leben alles an, was ist (nicht gemeint ist, daß ich mir alles gefallen lassen soll), bin ich im eigentlichen Sinn frei. Ebenso ist es beim Atmen. Widme ich mich allem, was da aus mir heraufkommt, mit einer freudigen Aufmerksamkeit jenseits von aller Bewertung in Form von klagenden Achs und Wehs, so weicht die Last meiner irrigen Vorstellungen von der Welt mit der Zeit einer lebendigen, ja ekstatischen Leichtigkeit und Freude. Was nicht heißt, daß es dann überhaupt keine Herausforderungen mehr für mich gäbe, doch werden sie mich weniger ängstigen und viel leichter lösbar sein.

Die ersten drei Grundelemente des Rebirthing – Verbundatem, möglichst vollständiges Entspannen sowie das Bewußtmachen all der einzelnen Vorgänge im Körper während einer Sitzung – beseitigen die eine große Selbstlüge: das Nichtwahrhabenwollen von etwas Verdrängtem. Das vierte Grundelement bewirkt nun das Auflösen der zweiten großen menschlichen Lüge, nämlich des Irrtums, alles beurteilen zu müssen. Mit dem Urteilen versuchen wir, reines Sein in einen der niederen menschlichen Vorstellungswelt entsprechenden Kontext zu quetschen, der immer begrenzend und daher negativ ist.

Das Aufdecken dieser zwei hauptsächlichen Lebenslügen versetzt uns in die Lage, unserer eigentlichen Bestimmung gerecht zu werden, nämlich mit unserem Denken glückfördernde Lebensumstände zu erschaffen und dafür Kraft zu erzeugen. Es ist dieselbe riesengroße mentale Kraft, die gemeinhin bisher von der Menschheit – großenteils unbewußt – individuell und kollektiv zum Bau von Blockaden in der inneren und äußeren Welt benutzt worden ist und uns so schwach macht.

Allmählich geht diese in den Sitzungen erfahrene, neuartige Haltung des Nichtverdrängens und des Nichtwertens dann in eine generelle Denkgewohnheit über, die den gesamten Alltag bestimmen wird und unser Leben ändert. Alle Bewußtseinslehren, alt oder neu, gehen auf diese Grundhaltung zurück, egal in welche Verpakkung sie gehüllt sind.

Im Klartext ist damit gemeint, alles, was während einer Rebirthing-Sitzung vorkommt, freudig zu akzeptieren, egal ob das gewohnte Denken es gutheißt oder nicht. Das ist wichtig und ergibt sich aus dem zuvor Gesagten, obwohl zum Bereitsein für diese Wahrheit mitunter ein wenig Meditation darüber notwendig sein mag, da das rationale Denken uns heute so beherrscht.

Genießen wir alles, auch wenn es uns im Moment noch so schrecklich erscheint. Alles, was uns im Leben begegnet, besteht doch einfach nur aus Erfahrungen, Lernerfahrungen. So legen wir einen Samen, der mit der Zeit zum mächtigen Baum des höheren Denkens emporwachsen kann und unser Leben vollkommener macht. Wir haben uns dann zu einem geweiteten Bewußtsein entwickelt, das auf einer höheren Ebene existiert. Dies manifestiert sich immer auch materiell, als glückliches Leben etwa, nicht nur innerlich als Freude, Gleichmut und Harmonie, Verstehen und größere Akzeptanz uns selbst und anderen gegenüber. Da der Verstand nun sicher mit der Frage kommen wird, *wie* wir das genießen sollen, hier einige Hilfssätze:

▷ Sei dankbar.
▷ Freue dich, daß diese große Angst jetzt, während einer geschützten Sitzung mit einer Begleitperson oder in deinem sicheren Zuhause hervorkommt und nicht, während du eine verkehrsreiche Straße überquerst.
▷ Sei eingedenk dessen, daß alles, was in dir ist, sich sowieso irgendwann zeigen wird. Warum nicht jetzt? Es ist sowieso da, ob du es genießt oder nicht.
▷ Sei dir des Wunders allen Lebens bewußt, in allen seinen Formen; sei wie ein staunendes Kind zu dem, was alles in dir ist und von dem du bisher wenig wußtest.
▷ Vergleiche nicht! Furcht ist Furcht. Weiter nichts. Alles andere ist Beurteilung. Eine Uhr weist die Zeit, egal ob sie groß oder klein, aus Holz oder Gold ist. Aller Schmerz kann »weggeatmet« werden. Probiere es!

▷ Was du jetzt konfrontierst und integrierst, ist vorbei und erledigt; du kannst es vergessen.

▷ Sei neugierig auf die Muster, das hilft bei der Integration. Nimm alles als ein Abenteuer, das Abenteuer des Entdeckens deiner selbst.

▷ Nimm sie, diese vermaledeiten Muster, liebevoll entgegen, das ist nur ein anderer Ausdruck für Dankbarkeit.

▷ Vergiß bei all den Herausforderungen nicht deinen Humor. Er hilft immer.

5. Alles, was ich tue, ist in Ordnung und wirkt

Wir sollten an die Sitzungen mit dem Wissen herangehen, daß alles, was wir tun, in Ordnung ist und wirkt. Wir können nichts falsch machen, weil wir ja atmen, und das bewirkt etwas, und zwar etwas Natürliches. Anfangs mögen zum Beispiel unsere Muster dafür sorgen, daß es uns schwerfällt, den Ausatem leicht geschehen zu lassen. Atmen wir weiter! Mit jedem Atemzug geschieht eine kleine Reinigung, die Integration nimmt zu, und somit verändern sich auch unsere Atemmuster. Spielen wir also, und experimentieren wir! Mehr ist nicht zu tun. Eigentlich geht es ja darum, etwas geschehen zu lassen. Es bedarf keinerlei Anstrengungen.

Das fünfte Element des Rebirthing bewirkt, daß die anderen vier ihre Arbeit tun. Es ist das Wichtigste von allen. Mit anderen Worten: Integration ist leichter als Verdrängen. Diese Wahrheit ist ein guter Denkansatz beim Beginn von Atemsitzungen. Wir können uns jederzeit dafür entscheiden. Atmen ist so natürlich. Indem wir es bewußt üben, vergrößern wir seine lebensspendende Wirkung ums Vielfache.

Zum Schluß seien noch einmal die fünf Grundpfeiler im Rebirthing, die »goodies«, wie Leonard Orr sie einmal nannte, in je einer kurzen Affirmation zusammengefaßt:

1. Mein Kreisatem ist ohne Pausen, regelmäßig und paßt sich jeweils dem heraufkommenden Material auf natürliche Weise an.

2. Ich entspanne vollkommen und vertraue.
3. Es ist leicht, alles, was in mir geschieht, deutlich zu spüren.
4. Freudig genieße ich alle Vorgänge.
5. Ich kann nichts falsch machen – Integration ist unausweichlich.
   Ich komme an Integration überhaupt nicht vorbei.

Mit diesen Affirmationen können wir uns suggerieren, daß das, was wir möchten, bereits geschieht. Wir können diese Sätze oder ähnliche, die uns besonders gut liegen, täglich sprechen, schreiben, an alle möglichen gut sichtbaren Stellen heften und so weiter (siehe auch im Kapitel »Die Arbeit mit Affirmationen«). Was wir denken, geschieht. Das ist ein kosmisches Gesetz. Wichtig dabei ist, diese Gedanken mit möglichst intensivem Gefühl »aufzuladen«.

Das Überwinden des Schmerzes

Der voranschreitenden Integration unserer verwickelten unzulänglichen Glaubensmuster folgt Heilung, auch körperlich. Die größte Heilung ist wohl die Heilung der Angst vor dem Tod, vom Todestrieb, wie Freud es sogar nannte. Leonard Orr sprach immer von der Aufgabe des Todesdrangs, wobei mitschwingt, daß wir imstande sind, den Weg, den wir unsere Vorstellungen nehmen lassen, jederzeit umzulenken, daß wir uns neu entscheiden können, daß wir nicht hilflos sogenannten höheren Gewalten ausgeliefert sind. Dahin zu kommen ist der Zweck jeglicher geistiger Suche, denn mit der Erfahrung, daß der Tod nur ein Tor zu etwas Neuem ist, daß Leben und Tod die Pulse und Pole der ewigen Bewegung sind, die wir Leben nennen, hört die größte Begrenzung und Verspannung auf, nämlich die Identifikation mit dem Körper, mit der Materie. Identifizieren wandelt sich zu Respektieren.

Und so wird der Zugang zu einer völlig neuen Dimension frei. Wir leben unser Leben von einem solchen Augenblick an anders, und es spielt überhaupt keine Rolle, ob uns das Numinose beim Meditieren, in einer kraftvollen Atemsitzung, anläßlich eines tiefen Leids, in der glückseligen oder auch illusorischen Identifikation mit einem geliebten Menschen, beim Geschirrspülen oder in einer Mysterienschule überrascht.

Was ist nun mit dem Schmerz, mit der Angst vor Schmerz? Eine starke Vision oder eine tiefe Erfahrung gestattet uns für einen Moment einen Einblick in eine höhere Dimension. Wir wissen dann, daß es das gibt, das Höhere. Doch sind wir es noch nicht. Das ist ein Prozeß, auch eine Arbeit, in deren Verlauf die Einblicke umfassender und länger werden, bis wir diese neue, erweiterte Wirklichkeit und Dimension leben, ja gar nicht mehr anders können, als sie anzunehmen. Unser System ist dann umgepolt. Wir sind zum Beispiel Liebe, vermögen nicht mehr zu hassen. Was nicht heißt, daß wir mit Haß nicht umgehen können. Doch die blinde Wut ist weg, der gerechte Zorn darf bleiben, um sinnvolles Handeln zu aktivieren. Wir haben den Schatten, seinen Schmerz, Haß und all diese Spielarten der Dunkelheit erfahren, am eigenen Leibe entdeckt und unseren Energiezerrspiegel aufgegeben, denn das Dunkle ist ein Zerrspiegel der Wahrheit. Wirkliche Liebe, nicht die gewöhnliche irdische, schwingt höher, umschließt den Haß und transformiert ihn.

Vom ersten Erahnen, daß da »noch mehr ist«, bis zum Leben des Neuen ist es ein freudiger, aber auch dornenvoller längerer Weg. In dieser Veränderungsphase von einer Runde der Entwicklungsspirale zur nächsthöheren pendeln wir hin uund her. Pluto läßt grüßen – im Wechsel mit Neptun und Uranus! Da gibt es den scheinbaren Rückfall in sattsam bekannte Muster, auch Ängste tauchen wieder auf – und Schmerz.

Schmerz tritt auf, wenn Furcht herrscht. Wenn wir nun bereit sind, einmal ganz in einen Schmerz hineinzugehen, kommen unterdrückte Gedanken hervor. Aber es geschieht freiwillig höchst selten, daß wir in einen Schmerz eintauchen. Deshalb sind wohl Schicksalsschläge in der himmlischen Requisitenkammer immer noch aktuell. Wenn diese unterdrückten Gedanken jedoch hervorkommen dürfen, bedeutet das allein schon eine Erleichterung des Schmerzes.

Der schlimmste Gedanke ist wohl, daß etwas noch schlimmer werden könnte, bis an den Punkt der Auflösung und Zerstörung. Ist es sehr schwer zu verstehen, daß auch das nur ein Kontext, eine selbstproduzierte Vorstellung ist? Denn zuallererst erfahren wir eine rein körperliche Empfindung. Ob sie angenehm ist oder nicht, bestimmen allein unsere Gedanken. Das klingt sehr weit hergeholt, doch wie oft habe ich bei Rebirthing-Sitzungen erfahren, daß Menschen das kraftvolle Summen der Energie im Körper, welches äußerst angenehm ist und sehr heiter stimmt, als schmerzhaft erlebten, wenn sie noch keinerlei Erfahrungen mit dem »Höheren« gemacht hatten und aus Angst sehr verspannt waren. Man kann sehr wohl vom Göttlichen überwältigt sein und davonrennen wollen, wenn man es nicht gewöhnt ist. Es ist eben alles nur eine Vorstellung. Mit dem ersten kleinen Schrecken spannt sich etwas ohnehin Verspanntes noch mehr an. Der Schmerz vergrößert sich beziehungsweise wird erst einmal bewußt. Das bewirkt noch mehr Verspannung und so weiter. Wenn in den weisen Lehren gesagt wird, daß plötzliche Zufuhr von hoher Energie schädlich sein kann, dann ist dieser Zusammenhang gemeint. Also bedarf es der Furchtlosigkeit, das heißt Spannungslosigkeit beziehungsweise Entspanntheit, um mit dem Drachen zu kämpfen. Der Drachen heißt Ego. Ego ist Angst, und Angst ist die Vorstellung von Getrenntheit, Abtrennung von anderen, von der Welt, vom Göttlichen. Vielleicht ist es ja gar nicht nötig, mit dem Drachen zu *kämpfen*. Haben wir etwa nur den richtigen Umgang mit ihm zu lernen? Wir sind wohl augenblicklich gerade dabei, das zu entdecken.

Wenn Schmerz also ein Glaubenssatz ist wie beispielsweise ein Gefühl, das die es erfahrende Person als schlimm interpretiert, so folgt meiner Erfahrung nach daraus, daß wir durchaus fähig sind, schmerzvolle Empfindungen als erfreulich zu erleben. Ich erinnere mich an meine erste PI-Sitzung (Posturale Integration; eine Körpertherapie), in der diese äußerst tiefgehende Massage mir bemerkenswerte Spannungen im Körper bewußt machte. Ich atmete tief und lockerte mich bewußt, da schlugen die Schmerzen in ein wohliges Gefühl um, das den Empfindungen beim Orgasmus nicht unähnlich war. Ich genoß es fast, und die Behandlerin wunderte sich lautstark, wie tief sie hineingehen könne. Ebenso berichtete mir ein Freund von seinem Zahnarztbesuch. Der Doktor habe sich beim Bohren über sein entspanntes Gesicht gewundert, das ihm auf seinem Stuhl wohl nicht häufig begegnet. Der Grund? Autogenes Training zur Schmerzbekämpfung. Viele Frauen erleben die Geburt ihres Kindes als orgiastisch; Chris Griscom hat darüber geschrieben.

Doch gewöhnlich können wir uns erst tröpfchenweise entspannen, und selbst dies bedarf großer Übung über lange Zeit hinweg. Deshalb sind Wunder auch noch so selten. Beim Atmen ist es demnach ratsam, vorsichtig vorzugehen. Zu rasante Bewußtseinsarbeit kann genau aus diesem Grund zu heftigen Rückfällen führen. Das Ego erschrickt und (zer-)stört sich selbst.

Wie mit der Todesfurcht und der Angst vor Schmerz, so ist es mit allen anderen Vorstellungen: Altern, Verjüngen, Vergangenheit, Zukunft, Begierden, Wünsche, Hilflosigkeit, Sinnlosigkeit, Liebeskummer, Langeweile, Mißtrauen, Überwältigtsein…

All diese Beobachtungen und Erlebnisse führen dazu, daß wir beginnen, die Verantwortung für uns zu übernehmen. Wenn wir die Dinge, ob gut oder schlecht, selbst kreieren und am eigenen Leibe erfahren, daß wir den Kontext selbst gestalten, den Kontext unseres Lebens, dann bleibt uns gar nichts anderes übrig. Wir beginnen, die Herkunft unserer Werte und Motivationen zu untersuchen, und starten mit deren zweckgerichteter Veränderung. Zunächst beeinflussen wir unser Denken, damit unser Leben zu neuen, nützlicheren Zielen vorwärtsströmen kann, wir setzen dann bewußt sinnvollere Strukturen, pflegen planvoll notwendige Tugenden und jäten Unpassendes aus. Erst später, mit steigender Kraft, helfen wir anderen mit unseren Erfahrungen, und schließlich werden uns weltweite Verbindungen bewußt. Die zu diesem Fortschreiten erforderliche Disziplin wächst uns schrittweise auf dem Weg unserer Entwicklung zu. Wir haben immer weniger Interesse am Klagen und Abschieben der »Schuld« auf andere. Wir beginnen, nicht nur für uns selbst Gutes anzustreben, sondern rücken die Verbundenheit mit allem und allen immer mehr in den Vordergrund. Ebenso werden Vergeben und Dankbarkeit zu selbstverständlichen Stützen unserer neuen Integrität. Wir nähern uns dem Dienst am Ganzen, dem Akzeptieren all dessen, was ist, als immerwährende Meditation in unserem Leben.

Vom Rebirthing zum Heilatem

Der Vollatem und die Atempause

Was genau ist nun unter der im ersten Kapitel erwähnten natürlichen Vollatmung, oder auch Vollatem genannt, zu verstehen?

Wie gesagt, ich glaube, daß es *das* richtige Atmen gar nicht gibt. Dazu sind wir und das Leben zu vielschichtig angelegt. Andererseits sind sich die verschiedenen Atemschulen darüber einig, was zu einem sinnvollen Atmen unbedingt dazugehört, nämlich das tiefe, volle Atmen, das gleichzeitig entspannt erfolgt, das rhythmisch und bewußt ist. In dieser Hinsicht unterscheiden sich auch die mehr klassisch oder medizinisch ausgerichteten Methoden wenig vom Rebirthing. Den Unterschied macht die Pause nach dem (unhörbaren) Ein- oder nach dem Ausatem beziehungsweise nach beidem. Dabei wird entweder Wert darauf gelegt, die Pause natürlich sein zu lassen, oder ein bestimmtes Zählsystem soll wenigstens zu Anfang den Rhythmus vorgeben.

Das Verhältnis von Ein- und Ausatem wird je nach Schule gänzlich verschieden angegeben, mit unterschiedlich oder auch jeweils gleich langem Ein- und Ausatem. Meiner Meinung nach muß hier wieder der Intuition weitgehend Raum gegeben werden. Sie wächst mit der Erfahrung.

Nebenbei ein Wort zum unguten unwillkürlichen Atemanhalten bei angespannter Muskulatur, etwa beim Heben, in Schrecksituationen, beim Zähneputzen und so weiter: Achten wir darauf, hier ganz bewußt locker weiterzuatmen. Belohnt werden wir dafür mit guter Gesundheit.

Das bewußte Ein- und Ausatmen soll in der Regel nicht stoßweise geschehen, sondern eher meditativ gleichmäßig, gelassen, ruhig und rhythmisch. *Bewußt* meint, daß wir während dieses Atmens stets des wunderbaren Prana, der Lebensenergie, dankbar gewahr sein sollen und daß wir dabei fühlen, wie Kraft, Freude und Gesundheit hereinströmen, die Nerven sich erholen und Ruhe und Sicherheit wieder einkehren. Bei all diesem Tun steht das liebevolle Geschehenlassen im Vordergrund. Die Pause soll sich ebenso leicht einfügen. Also wiederum nicht krampfhaft den Atem anhalten, nichts pressen und die Pause nicht zu lange währen lassen.

Meiner Erfahrung nach erleben wir beim Verbundatem (Rebirthing) mehr das Spüren und Hochkommenlassen von Verdrängtem, das wir dann bearbeiten können. Das tiefe Vollatmen mit Pause mündet hingegen in eine sehr umfassende geistige Entspannung, die nährend ist und je nach Art des Vollatmens verschieden tief ausfällt. Es ist also reine Erholung beziehungsweise das Aufgehen in etwas Größerem.

Das bewußte tiefe, volle Atmen erhöht die Herztätigkeit, die Pulsfrequenz, den Sauerstoffpegel sowie den Stoffwechsel und reguliert die Verdauung. Es entschlackt, schenkt Widerstandskraft, stärkt Bauch- und Brustmuskulatur (bewußtes Atmen ist Massage von innen), behebt mit der Zeit rachitische »Löcher« im Brustbein, beugt Erkältungen vor, beschleunigt Heilprozesse und regt die Drüsen an, die für die Arbeit der Chakren wichtig sind. Soweit die körperliche Ebene.

Die psychischen Auswirkungen sind: bessere Konzentration und besseres Gedächtnis, klareres Denken, gestärkter Wille, Freude, Leichtigkeit, Sicherheitsgefühl, Verjüngung, größeres Selbstbewußtsein, Kreativität, Verbindung mit dem Kosmischen, innere Einheit und Harmonie. Verdrängte Emotionen können beeinflußt, tiefgehend verändert und sogar ausgeschaltet werden.

Meine Erfahrung ist, daß sich bei diesem äußerst feinen, unhörbaren Atmen mit den Pausen die psychischen Muster sehr viel subtiler zeigen, nämlich fast unmerklich. Es erfolgt anscheinend eine ebenso intensive wie geheimnisvolle Bearbeitung. Aber auch hier gilt es, vorsichtig zu sein. Denn gerade weil man sich bei den Atemsitzungen hervorragend fühlt und bemerkenswerte Erkenntnisse erhalten kann, ist die Wirkung tiefgehend und lang anhaltend. Sie ähnelt einer Zeitbombe, denn um die Klärung unseres Schattens kommen wir wohl nicht herum. Als ich über einen längeren Zeitraum dieses Atmen wie besessen betrieb, machte es heftiger Kopfschmerz nach einer Weile unmöglich, so weiterzuüben. Danach hatte sich meine Manie für Atemmarathons auf ein vernünftiges Maß zurückgebildet. Das chinesische Wu-Wei oder das japanische Wabi und Sabi versuchen die Angemessenheit in allem Tun, dieses nichttuende Tun oder tuende Nichtstun zu beschreiben. In europäischen Sprachen gibt es dafür wie für so viele andere Bewußtseinsgrade und -merkmale kein Wort.

Wir lächeln inspirierend unserem Innen zu (*inspirare* heißt hineinhauchen) und atmen nicht nur mit der Lunge, sondern mit jeder Zelle, sozusagen auch mit dem großen Zeh. Das bewußte Vollatmen läßt sich steigern, indem der Prana-Strom in der Vorstellung zu jeder gewünschten Körperstelle hingelenkt wird. Das kann durch Visualisierungen verschiedener Art und durch Affirmationen noch intensiviert werden – hin zum Kraftatmen und zum spirituellen Heilatem. Diese Atemarten können alle genauso bei Müdigkeit, Nervosität, Aufregung, Launenhaftigkeit, Kopfweh, Angst, Sorgen und so weiter angewendet werden wie das Rebirthing auch. Für weitere Experimente empfehle ich das ausgezeichnete Buch von K. O. Schmidt: *Kraft durch Atmen*.

Die Arbeit mit dem Heilatem

Ob nun lauter oder leiser, unhörbar, mit oder ohne Pausen – die Erfahrungen, die mit dem Atmen gemacht werden können, werden beeindruckend, wenn nicht gar verändernd wirken. Für die meisten Menschen jedenfalls, die ich traf, war es so. Ich nenne meine Atembehandlungen seit einiger Zeit nicht mehr ausdrücklich Rebirthing, sondern Heilatmen. Nicht, weil ich vom Rebirthing überhaupt nichts mehr hielte, sondern weil mein eigenes Atmen immer sanfter geworden ist, oft lautlos und über den ganzen Tag verteilt zum einen, und weil ich zum andern nun auch manchmal mit der im Rebirthing streng verpönten Pause arbeite. Dinge entwickeln sich, das ist ihr Lauf. Wer weiß, wie es sich mir in zehn Jahren darstellt?

Alles fließt, auch die Arbeit mit dem Atem ändert sich. Wobei es mir allerdings schwerfällt anzunehmen, daß man vom Atem eines Tages nichts mehr lernen könnte!

Ich beginne heute einen Block der üblichen zehn Sitzungen, indem ich – nach einer kurzen Aufnahme der Vorgeschichte – den Klienten erst einmal *irgendwie* atmen lasse, fast ohne Anweisungen. So lernen wir beide das Atemmuster etwas genauer kennen. Das generelle Atemmuster eines Menschen, wie es sich zeigt, wenn jemand zum erstenmal zu einer Behandlung kommt, gibt Auskunft über die Art der körperlichen Spannungen, die Art, wie Sexualität gelebt wird, und wie das sonstige Verhalten im Leben ist. Dann gehen wir tiefer.

Zu Beginn jeder Sitzung finde ich es nützlich, eine kurze Zeit (etwa zehn bis zwanzig Minuten) etwas vehementer zu atmen, um sich vom Alltagslärm und -streß zu lösen und um zu eventuellen, von anfänglichem Darübersprechen möglicherweise aufgewühlten Problemen etwas Abstand zu bekommen. Dabei achte ich dann schon auf möglichst druckloses Ausatmen. Dies Einüben kann sich über mehrere Sitzungen erstrecken. Dabei kommen dann die bereits direkt an der Oberfläche sitzenden Traumata zum Vorschein und können bearbeitet werden, um zu Tieferem vorstoßen zu können.

Daneben wird die Technik weiter geübt, und ich stütze die Klienten vielfältig in bezug auf das gewöhnlich etwas lädierte Selbstbewußtsein. Durch all das werden die bereits beschriebenen, zu Beginn oft auftretenden Verspannungen in den Händen und eventuell um den Mund herum gemindert. Nach einigen Sitzungen fließt es gewöhnlich auch hier. Gleichzeitig arbeite ich mental und halte auch den Klienten dazu an. Ich benutze dabei eine kombinierte Methode, die sich intuitiv nach dem Menschen und der jeweiligen Situation richtet. Ihre Grundzüge erläutere ich später, nach dem ausführlichen Kapitel über die Arbeit mit den Affirmationen.

Spätestens zu diesem Zeitpunkt beginnt sich das Atemgefüge des Klienten infolge des stetig sich vermindernden Drucks zu normalisieren. Mit dem sanfteren Atem können wir dann wiederum noch tiefere Schichten erreichen. Der Klient spürt Erfolge und ist zunehmend zu mutigerer Mitarbeit bereit, indem er beginnt, mit den erkannten Verhaltens- und Denkweisen zu experimentieren, immer »haarscharf an der Angst entlang«. Seine unbewußte, negative Kontrolle wird allmählich durch ein bewußtes positives Hinterfragen unnützen, weil behindernden Gedankenmülls abgelöst, was noch weitere Änderungen im Verhalten möglich macht und noch tiefere Muster aus der Verdrängung hervorkommen läßt. Hier setzen auch die ersten neuorientierten und neuorientierenden Entscheidungen im praktischen Leben ein, die wir beide zusammen »tragen«. Und es beginnen Haus-Atemübungen.

Bei Klienten, die unter großen Spannungen ausharren müssen, viel erzählen oder sehr unsicher sind, lasse ich oft zwischen den Sitzungen Berichte schreiben. Das spart kostbare Zeit, deckt manch Versteckgebliebenes oder Irrtümer auf und gibt, zusammen mit den Atem-Hausaufgaben zwischen den Sitzungen, eine stärkende, ununterbrochene Verbindung.

Normalerweise kommen zwischen der fünften und siebten Sitzung die »schweren Brocken«. Stehen sie an beziehungsweise sind sie überstanden, gehe ich von der Selbstbewußtseinsunterstützung zu mehr Strenge über, was weitere Selbständigkeit und Verantwortungübernahme seitens des Klienten ermöglicht.

Übrigens beginne ich jede längere Zusammenarbeit mit der Feststellung, daß nicht ich helfen kann, sondern daß dies nur der Klient selbst zu tun vermag. Wir können dem anderen nichts abnehmen, ihn aber sehr wohl mit Liebe und allen uns zur Verfügung stehenden Mitteln, mit unserer Erfahrung und sonstigen »Raffinessen« unterstützen. Die für manche schockierende, aber der Wahrheit entsprechende Feststellung, daß es allein in der Hand des Klienten liegt, sich zu heilen, schützt beide Seiten vor Illusionen und Enttäuschungen und schafft die Grundlage für eine früchtebringende Zusammenarbeit. Klienten, die (noch) nicht wirklich zur Arbeit an sich selbst, das heißt zum Verantwortlichsein, bereit sind, sieben sich dadurch aus.

Nicht alle Klienten gelangen in den Zehnersitzungen so »weit« wie eben beschrieben. Es kommt jeweils auf die Muster an. Manchmal bedarf es aller zehn Sitzungen, um »lediglich« das drucklose Ausatmen zu üben. Dies kann ein großer Erfolg sein, es gibt kein Besser oder Schlechter.

Auf jeden Fall ist nahezu jeder nach zehn Sitzungen imstande, mehr oder weniger in selbständigen Sitzungen weiterzukommen, und sieht wenigstens, daß es »etwas bringt«. Entwicklung hört nie auf. Gutes kann immer noch besser werden.

Der sanfte Atem

Die Begründung für den Verbundatem im Rebirthing hat mir immer eingeleuchtet, nämlich daß ein wechselstromartiges Austauschen, Strömen oder Fließen erzeugt wird, das ein Pumpen bis ins innerste Wesen des Körpers in Gang bringt – entsprechende Aufmerksamkeit sowie Wissen und Mut vorausgesetzt. Durch diesen Rhythmus gerät Altabgesetztes in Schwingung, so daß es bemerkt, geortet und abgestoßen werden kann.

Diese Dinge geschehen auch beim normalen Atmen – bei dem nach dem Ausatmen automatisch eine Pause folgt –, allerdings unbewußt und viel weniger intensiv. Auf diese Weise konnten wir Meister im Verdrängen werden. Verdrängung führt aber zu ständig flacherem Atem. Ein Circulus vitiosus entsteht, der schlimmstenfalls den Tod bringt, seelisch oder auch körperlich.

Viele Atempädagogen sagen, daß das Ohne-Pause-Atmen Verspannungen aufbaut, besonders im Bereich von Nacken und Schultergürtel, auch im Kopf- und Beckenbereich. Zwar leiden gehetzte und angespannte Menschen sowieso darunter, aber diese Tatsache könnte gegen die Rebirthing-Methode sprechen.

Lange bemerkte ich den scheinbaren Minuspunkt nicht. Schließlich, nach Jahren des Rebirthing-Atmens, in denen ich mir enorm viel bewußtmachen konnte und lernte, viele der »üblichen« Probleme einigermaßen zu meistern, habe ich manchmal diese Verspannungen. Sie hängen ganz sicher auch mit einem extremen inneren Wandlungsprozeß zusammen, den ich durchlebe. Auf dem Weg zu größerer Bewußtheit scheinen solche Phasen der Anspannung immer wieder aufzutauchen, doch können wir jedesmal vertrauensvoller und leichter damit umgehen.

Ich machte allerdings im Laufe der Jahre auch die Erfahrung, daß durch die im Rebirthing gefragte Brustatmung das sympathische Nervensystem angeregt wird, wodurch man eine Intensivierung, eine Erregung verspürt. Je nach Blockierung oder relativer Offenheit kommt es zu verschiedenen Gefühlen, wohligen als auch negativen. Die Atmung ist ja unmittelbar mit dem Gefühl verbunden.

Das sympathische Nervensystem gehört im Gegensatz zum die Muskelbewegungen steuernden zentralen Nervensystem zum autonomen Nervensystem, das willkürlich nicht beeinflußbar ist – außer durch die bewußte Atmung. Sie stellt die einzige Möglichkeit der Einflußnahme dar, und das macht sich jegliche Atemtherapie zunutze.

Das sympathische Nervensystem dient unserem Schutz, es erhöht bei Gefahr den Adrenalinspiegel, löst den Zustand der Kontraktion aus, und wir verfügen dann über mehr Energie. Ich verstand damit endlich, warum wir beim Rebirthing in die Brust atmen sollten und warum ich nach einiger Zeit des Rebirthing so verspannt war.

Das parasympathische Nervensystem ist nämlich für eine Art Ausdehnung verantwortlich. Wir spüren stärker unsere Sinne und den freien Fluß der Gefühle. Das kommt durch Zwerchfell-/Bauchatmung zustande. Auch das hatten mich Intuition und Erfahrung nach einigen Jahren der Rebirthing-Praxis bereits gelehrt: Wir können uns durch Brustatmung anfeuern beziehungsweise Muster hochkommen lassen und uns bei Streß durch Bauchatmung beruhigen (siehe auch weiter unten die Übung »Die Atmung der Göttin«).

Heute verspüre ich keinerlei Lust mehr auf diesen heftigen Atem des »klassischen« Rebirthing, der mir doch früher zu soviel Lebendigkeit verhalf. Lebendig erlebe ich mich heute ohnehin viel mehr, und das alte angelernte heftige Atmen verursacht ebenso wie wildes Tanzen eher eine merkwürdige, unangenehme Wahrnehmung in meinem Kopf. Meine Erfahrung ist, daß etwas heftiges Atmen bei Neulingen in der Bewußtseinsarbeit eine ausgezeichnete Hilfe ist, um durch die gewöhnliche Egostarre durchzustoßen und überhaupt etwas zu spüren beziehungsweise um sich konzentrieren zu

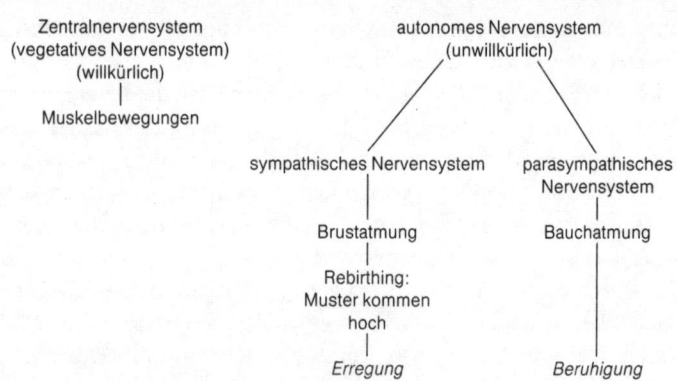

```
Zentralnervensystem              autonomes Nervensystem
(vegetatives Nervensystem)             (unwillkürlich)
      (willkürlich)                        /    \
           |                              /      \
    Muskelbewegungen                     /        \
                              sympathisches Nervensystem    parasympathisches
                                        |                      Nervensystem
                                   Brustatmung                  Bauchatmung
                                        |                           |
                                    Rebirthing:                     |
                                   Muster kommen                    |
                                       hoch                         |
                                     Erregung                   Beruhigung
```

Die Wirkung von Brust- und Bauchatmung

lernen. Mit zunehmender Sensibilisierung sind dann diese »harten Geschosse« immer weniger notwendig; wir werden für die entwaffnende Feinheit sanfteren Atmens frei.

Anfangs mag also robusteres Atmen die fehlende Wahrnehmung und Erfahrung ersetzen, doch später scheint weniger mehr zu sein. Eines sei allerdings gesagt: Bei gelegentlichem starken Schmerz, physisch und auch seelisch, hilft »Hecheln« sehr gut, sofern wir bewußt tiefer atmen und nicht allzu schnell. Bewegung (Joggen) ist ebenfalls hilfreich. Eventuell dabei später auftretende Verspannungen lassen sich durch entsprechende Körperübungen und Mentalarbeit sowie Massage lösen.

Ebensowenig wie bei der Atempause möchte ich mich mit dem Ausatem festlegen. Es gibt einige Atemübungen, darunter auch berühmte Übungen aus dem Hatha-Yoga, bei denen absoluter Wert auf potenziertes Ausatmen gelegt wird. Auch bei vielen Atemexperten steht die Ausatmung an bevorzugter Stelle. Es wird sogar die Meinung vertreten, daß jeder bereits zu neunzig Prozent richtig atmet, der tief ausatmet und sich damit entgiftet.

Neben der Entgiftung wird als Plus an zweiter Stelle die Entkrampfung genannt, die bei uns gestreßten und angespannten Menschen durch tiefes Ausatmen eintritt. Diese Verkrampfungen sind allzuoft auch anerzogen. Somit ist nicht nur das Ausweiten des

Brustkorbs aktiv zu üben, sondern auch das Wiedereinziehen! Besonders Asthmatiker, und davon gibt es mehr, als wir meinen, haben damit Schwierigkeiten. Sie müssen gerade das Ausatmen lernen, denn das Loslassen bereitet ihnen Schwierigkeiten.

Ich kenne eine ungeheuer wirksame Atemmethode, deren Ausatem mit äußerster Kraft, ja geradezu zischend erfolgen muß. Ist das nun gut oder schlecht? Ich weiß es nicht. Möge jeder selbst mit dem Ausatem experimentieren und entscheiden, nachdem er die Wirkungen an sich selbst geprüft hat. Viele Jahre meditierte ich beispielsweise nach anfänglichem Sitzen, gegen jede Theorie und Regel, im Liegen. Und dann, bei bestimmten Gelegenheiten, mußte es unbedingt wieder im Sitzen sein. Später erst las ich irgendwo eine einleuchtende Erklärung, die auf mich zutraf. Ähnliche Vorfälle gaben mir das Vertrauen, stets meinem Empfinden zu folgen, auch wenn ich mal damit allein dastehen sollte. Dieses Zutrauen zu sich selbst versuche ich weiterzugeben, denn ist nicht Vertrauen in unsere eigenen Wurzeln die Basis für jedes Wachsen?

Heilatem als ganzheitlicher Übungsweg

Beobachten wir also unseren Atem. Mit jedem Ein- und Ausatmen findet eine Harmonisierung statt. Der Atem beruhigt uns und bringt uns in Abstand zu den anstrengenden Dingen des Alltags. Er festigt uns und macht uns zugleich zart. Er läßt die niederen, anspannenden Schwingungen des Lebens an uns vorbeigleiten, doch pflanzt er die Essenz des Erkennens und Handelns in unser Bewußtsein ein. Hier ist jedoch nicht von dem Atem die Rede, den wir Tag und Nacht ausstoßen und einholen. Der Atem, den ich beschreiben will, ist bewußter Atem. Und bewußter Atem wirkt heilend.

Der heilende Atem ist ein den Menschen verlorengegangener Schatz. Es gibt noch verschiedene andere Namen für ihn wie natürlicher, intuitiver, integraler oder differenzierter Atem. Mit Bewußtheit führen wir etwas aus, wenn wir unsere ungeteilte und von Urteil freie Aufmerksamkeit darauf richten. Wir beobachten neutral verschiedene Phasen unseres Tuns und deren Auswirkungen auf uns und unsere Umgebung, und wir kommunizieren gegebenenfalls darüber. Das verschafft uns mit der Zeit Kenntnis von den Gesetzen, denen wir, unser Handeln und unsere Situation unterworfen sind. Das Wissen, das sich uns durch das Beobachten des Atems erschließt, können wir verwenden, um uns, unser Handeln und unsere Situation zu verändern, hin zu größerer Effektivität, Fülle und Schönheit, da jedem Atemmuster ein bestimmtes Gefühls- und Gedankenmuster entspricht.

Die Aufmerksamkeit, mit der wir beobachten, verlangt Konzentration. Unsere Vorgehensweise hat daher etwas mit Meditation zu tun. Wir können sagen, daß Heilatmen und andere Atemmethoden weniger eine Therapie sind, als vielmehr ein Übungsweg, der uns mit den Naturgesetzen, denen wir und unsere Umwelt unterliegen, auf bewußtere Weise als sonst in Kontakt bringt. Dieser Kontakt geschieht auf eine zwingende Weise, wenn er in bestimmter Art geknüpft wird. Zwingend, da er nicht nur durch Theorie, sondern vor allem durch tiefes Selbsterfahren Wissen in uns lebendig macht.

Der heilende Atem ist jedem von uns erreichbar – wenn auch mitunter nach einigem innerlichen Schuttwegräumen. Er tritt manchmal unter Extrembedingungen spontan auf und bedeutet immer eine Art Initiation. Man kann es vorziehen, die mit dem Atem verbundenen universalen Gesetze im Alleingang zu erschließen, oder man kann sich Tips geben lassen, kann also eine Einzelfahrkarte lösen oder seine Entdeckungen mit einem Team teilen, und dabei von der Gruppenenergie profitieren.

Die Kenntnis der allgemeinen großen Entwicklungsgesetze und der vereinfachenden Tips und Tricks holen wir uns anfangs von anderen, die uns an Erfahrung voraus sind. Unsere individuellen, spezielleren Funktionsweisen zu ergründen gehört dann nach einer gewissen Phase der Einstimmung zur eigenen lebenslangen Feinarbeit mit diesem Instrument des Atems.

Eine einfache, jedoch durch ständige Disziplin über Wochen, Monate und Jahre hin geübte Atemarbeit wird eine Verschiebung von der heute vorherrschenden engen Angstatmung zu einer freieren, offeneren und volleren Atmung bewirken. Die ersten Erfolge bestehen in einer viel besseren Gesundheit und geringeren Streßan-fälligkeit. Dann folgt mit dem Erkennen von eingefahrenen Hand-lungsweisen deren »Umarbeiten« in ein zweckmäßigeres, kreative-res Vorgehen. Das ändert positiv unser Leben, was natürlich Opti-mismus zur Folge hat. Mit mehr Erfahrung ist der Heilatem nicht nur eine Übung, die ein- bis zweimal in der Woche in der Medita-tion oder als Meditation geschieht, sie geht in den Alltag ein: Wir atmen ganz einfach anders.

Heilendes, bewußtes Atmen ist eigentlich nicht etwas, worüber man reden kann. Es ist vielmehr etwas zum Selbst-Erleben, ganz in des Wortes zweifacher Bedeutung, denn der Atem ist auch der lebensspendende Hauch der Seele, der uns erst mit dem Tod ver-läßt.

Mit steigender Sicherheit und mehr Kompetenz tauchen dann Fragen nach größeren Sinnzusammenhängen auf, die gemeinsam mit subtileren Atemerlebnissen und kombiniert mit anderen Reini-gungsmethoden wie Mentalarbeit oder Mariel-Energiebehandlun-gen und ähnlichem noch tiefer gehende Auswirkungen auf unser Leben haben. So können sich sogar bisherige Wünsche und Lebens-ziele durch unsere wachsende Intuition zu mehr Reife hin ver-ändern. Wir helfen dann uns selbst und anderen, ehrlichere Bezie-hungen einzugehen und bekommen sowohl Lust auf eine verant-wortungsbewußtere Tätigkeit als auch auf mehr Freude im Leben, was uns alles reicher machen wird.

Die Disziplin und die Reinigungsvorgänge, die dazu führen, schließen allerdings manchmal schmerzhafte Abschiede oder Umo-rientierungen mit ein, zu deren Bewältigung erfreulicherweise wie-derum der Atem beiträgt. So ist Atem ein Anfang und Ende, ein Alpha und Omega, das uns auf immer tieferen Ebenen in einem wohl nie endenden Vorgang zu einer ständig vollkommeneren Anschauung von der Welt trägt.

Atemübungen

Die fünf generellen Atemmethoden der japanischen Tradition

Nach Michio Kushi gibt es in der asiatisch-japanischen Tradition fünf generelle *Atemmethoden:*

1. Atmung mit dem Dan Tien (Hara), dem *Bauchzentrum*: tief und langsam, kleine Pause nach dem Einatmen. Schenkt körperliche Energie, seelische Stabilität und geistiges Selbstvertrauen.
2. Atmung mit dem Zentrum der *Magengegend:* die Atmung der Stärke, die als die natürliche Atmung angesehen wird. Stärkt Ausdauer, Toleranz und Geduld. Wird gewöhnlich mit einer kleinen Atempause praktiziert. Bei längerer Pause erfolgt eine Energieaufladung.
3. Atmung mittels des *Herzens:* die Atmung der Liebe. Das Atmen erfolgt sanft und langsam; die Atemzüge sind lang. Ein- und Ausatem sind gleich, mit je einer kleinen Pause dazwischen.
4. Atmung mit dem *Hals* (Zungenwurzel): Wir atmen stark ein und schwach aus, mit einer kleinen Pause nach dem Einatmen. Diese Atmung schenkt Konzentration und Klarheit.
5. Atmung mit dem Mittelhirn, dem *Kopfinneren:* Langsames, hochhebendes, weiches, gleichmäßiges Atmen bei langen Atemzügen ergibt Vergeistigung.

Daneben existieren fünf generelle *Atmungsweisen:*

1. Sehr langsam, ruhig und lang ▷ Atmung der Selbstlosigkeit
2. Normal, mittelmäßig ▷ Atmung der Harmonie
3. Langsam, ruhig, doch stärker ▷ Atmung des Selbstvertrauens

| 4. Lang, tief, kräftig | ▷ Atmung der Tat |
| 5. Lang, tief, kräftig, stark | ▷ Atmung der Vergeistigung |

Außerdem wird unterschieden nach:

1. Atemgeschwindigkeit

langsam ▷ Yin-Wirkung; langsamer und ausgeglichener Stoffwechsel; friedliches, klares Denken; universale Bewußtheit.

schneller ▷ Yang-Wirkung; schneller und schwankender Stoffwechsel; Verteidigung oder aggressives Festhalten.

2. Atemtiefe

flach ▷ Yin-Wirkung; Disharmonie zwischen Körperfunktionen; schwankend, ängstlich, Meinungsänderungen, keine Vision.

tief ▷ Yang-Wirkung; mehr Liebe und Glaube.

3. Atemdauer

länger ▷ Yin-Wirkung; gute innere Zusammenarbeit; stabil, objektiv, Erweiterung der Vision.

kürzer ▷ Yang-Wirkung; schneller und unregelmäßiger Stoffwechsel; wechselnde Anschauungen, kurzsichtiges Blickfeld, subjektive Betrachtungsweise.

Wir sehen, daß jedes Atemmuster, wie bereits mehrfach erwähnt, ein ihm entsprechendes Gedanken- und Gefühlsmuster hervorbringt.

Weitere Atemweisen, die nicht aus dem Rebirthing stammen

Die Atmung der Göttin

Wir liegen auf einer weichen Unterlage, gerade ausgestreckt. Beim Einatmen imaginieren wir, wie dieser Einatem durch die Füße hereinkommt und die Beine aufwärts bis in den Solarplexus fließt. Wir wölben dabei sanft den Bauch vor, das heißt, wir atmen in Bauch und Solarplexus ein. Nach einer kleinen Pause atmen wir ebenso nach unten durch die Füße aus und stellen uns vor, wie unser Atem von der Göttin, Mutter Erde, aufgenommen und gereinigt wird. Wir nehmen mit dem nächsten Atemzug wieder ihre neue, mit Liebe angereicherte Energie wahr und in uns auf. Das Ganze erfolgt in einer entspannt-heiteren inneren Verfassung, mit einem inneren Lächeln. Falls wir gerade sehr schlechte Laune haben, wird es uns durch diese Atmung bald wohler werden.

Transformierende Heilatemübung

Im Rahmen einer Atemsitzung atmen wir an passender Stelle tief aus und visualisieren beim folgenden tiefen Einatmen je nach Situation verschiedene Farben. Dabei stellen wir uns vor, Prana-Kraft einzuatmen, die die aktivierten Muster weiter auflöst und wandelt. Wir leiten den Prana-Strom zu den schmerzenden Stellen, und bei der kurzen Pause imaginieren wir »Transformation«. Mit dem sehr tiefen, bis an die Blase und in die Füße gehenden Ausatem werden die gelösten Schichten ausgestoßen und in die Erde zur Reinigung geschickt. Das wird helfen, eine Aktivierung eines Musters »durchzuatmen«.

Die Übung kann durch visualisierte Symbole oder kurze Affirmationen noch intensiviert werden. Solche kombinierten Atemsitzungen erfolgen erst, nachdem man ein wenig gelernt hat, hinzuspüren und mit seinem Atem bewußter umzugehen. Noch später können speziellere mentale Methoden zu Hilfe genommen werden.

Flankenatmung

Wir atmen mit Brustkorb, Bauchraum und Seiten gleichzeitig. Es ist wichtig, beim Ausatmen darauf zu achten, daß die seitlichen Rückenmuskeln sich kaum merklich zusammenziehen, ebenso die Bauchmuskeln. Das macht einen schönen Rücken und Bauch und regt auf natürliche Weise die Verdauung an.

Die Flankenatmung paßt besonders zur vorherigen Heilatemübung mit dem verstärkten Ausatem.

Bevor ich jetzt einige spezielle Atemübungen zum seelischen Ins-Gleichgewicht-Kommen nenne, bitte ich die Leser, bei Wiederholungen nicht zu ermüden. Sie bringen ein Lernen bereits während des Lesens in Gang.

Die Übungen können außer bei längeren Atemsitzungen gut auch einmal kurz zwischendurch zum Vitalisieren benutzt werden.

Atemübung zur Stärkung des Willens

Diese Atemübung hat etwas mit dem Ausatem zu tun, der nicht gepreßt werden soll. Sie wirkt anregend auf den Kreislauf und die Verdauung und ist blutdrucksteigernd. Sie hilft gegen Unlust, Müdigkeit und Depressionen, gibt Kraft und geistigen Schutz, erwärmt, ist gut für die Stimmbildung und trägt zur Entwicklung unserer Willensstärke bei.

Geradesitzend weiten wir die Brust und füllen sie mit Atem, halten einen Moment locker an und atmen ohne Druck lang und leicht zischend drei- bis fünfmal aus, und zwar auf »S«. Das ruft unsere verborgene Kraft hervor.

Diese Übung ist nicht die im vorherigen Kapitel erwähnte Intensivatmung mit dem potenzierten Ausatem, die eine eigene Methode darstellt und nicht nur eine kurze Atemübung ist.

Reinigungsatmung

Die Reinigungsatmung aktiviert die Arbeit der Lymphe, sie entgiftet, regt die Atmung an, beugt Erkältungen vor, hilft bei Asthma, verbessert die Haltung (Wirbelsäule), trimmt die Stimme und damit das fünfte Chakra. Sie tut dem Herzen und dem Kreislauf gut, reinigt und entspannt bei seelischem Streß, hilft bei Verkrampfungen und bessert Schmerzen im unteren Rücken.

Wir liegen und atmen tief ein, indem wir beide Arme über den Kopf ausstrecken. Zum Ausatmen, das auf ein tonloses »Ha« erfolgt und bei dem wir am Schluß das Zwerchfell noch ein wenig hochdrükken, ziehen wir die Knie an den Bauch und pressen sie ein wenig zu diesem hin. Jetzt pausieren wir kurz und atmen ein zweites Mal mit dem Bauch bis hinunter zum Steißbein, das wir mitsamt der Lendengegend (Taille) in Richtung Boden halten. Dann strecken wir Beine und Arme wieder und beginnen von vorn.

Ungefähr viermal langsam und konzentriert ausführen, und auf eine gute Koordination der Bewegungen achten. Eine wunderbare, leichte Übung.

Zur Ruhe und nach innen kommen

Die Stilleatmung wird in Zenklöstern praktiziert. Sie hilft bei seelischem Streß und schenkt seelisches Gleichgewicht und körperliches Wohlbefinden. Sie sorgt für einen erholsamen Schlaf, beruhigt die Nerven und das Herz, harmonisiert den Kreislauf und erleichtert meditative Innenschau. Sie kann sitzend oder liegend geübt werden.

Wir schließen die Augen und atmen einfach ruhig einige Züge, während derer wir dem Atem aufmerksam, aber entspannt folgen und ihn immer länger und unhörbarer werden lassen. Wir lächeln dabei unsichtbar nach innen und üben keinerlei Druck aus. Wir konzentrieren uns auf »still«, »leicht«, »weich«, »sanft«, »heiter« und werden nach kurzer Zeit fühlen, wie eine schwingende Ruhe sich im Körper ausbreitet, und eine angenehme Wärme vom Unterbauch bis in die Beine verspüren. Wir drücken nun das Becken einige Male hoch und herunter, vor und zurück, und atmen weiter mit der Vorstellung, daß wir uns ausdehnen: in das Zimmer, die Gegend, die Erde, das Universum.

Die Übung dauert nur einige Minuten oder länger, je nach Zeit und Bedarf. Die Stilleatmung kann überall stattfinden und schließlich zum gewohnten »Atemkostüm« werden.

Tum-Mo

Die berühmte Tum-Mo-Atmung der alten Tibeter wird im Sitzen geübt. Sie schenkt vor allem Wärme, auch erhöhte Aktivität, Initiative und Mut. Sie gibt geistigen Schutz, verhilft zu Inspiration, entgiftet und macht vital.

Auf die Wirbelsäule konzentriert sitzen wir gerade und schließen die Augen. Wir atmen tief ein, am besten durch die Nase, und stellen uns vor, das in der Umgebungsluft befindliche Prana aufzusaugen. Der Mund ist einen Spalt geöffnet. Wir lassen dabei den Prana-Strom vom Steißbein zum Kopf durch die Wirbelsäule hinaufziehen, die wir uns als dünnen Faden vorstellen. Beim Ausatmen lenken wir den Strom entgegengesetzt vom Kopf zum Steißbein.

Wir imaginieren Feuer, die Farbe Rot, und wir fühlen Wärme, die sich langsam zu Hitze steigert.

Bei jedem weiteren Atemzug wird die fadenartige Wirbelsäule in der Vorstellung immer breiter, bis sie schließlich beim siebten Atemzug den ganzen Rücken einnimmt.

Es reicht normalerweise, dies siebenmal langsam atmend zu üben. Bei Bedarf oder im Notfall, zum Beispiel bei großer Kälte, dürfen wir sie bis zu dreißig Minuten ausdehnen. Dabei kann sie zwischendurch durch abwechselndes blasebalgartiges Bauch- und Brustatmen intensiviert werden, was nicht nur wärmend und belebend, sondern auch anregend auf die Verdauung wirkt.

Zum Erden und bei Ängsten

Diese Übung kommt aus meiner zweiten Heimat Japan und ist sitzend oder liegend ausführbar. Sie wirkt – außer angstlösend und erdend – gut gegen Bauchverspannungen, die leider weit verbreitet sind, und natürlich auch bei Regelbeschwerden. Sie entschlackt die überlastete Leber und Galle. Außerdem hilft sie bei Depressionen. Sie gibt Kraft zum geistigen Schutz, stützt die Nerven, sorgt für Gleichgewicht und Selbstvertrauen.

Hara ist die Mitte des Menschen. Lokalisiert wird sie in der Gegend unseres Bauches, ungefähr drei Zentimeter unter dem Nabel. Gewöhnlich sind wir nicht in diesem gefühlsmäßigen Zentrum, sondern viel im Kopf. Deshalb können uns die Gefühle dann all die Streiche spielen und uns glauben machen, wir seien dem äußeren Geschehen hilflos ausgeliefert.

Wir legen die Hände auf den Bauch und atmen langsam ein. Nach einer kleinen Pause ausatmen, langgezogen auf »F«. Der Mund ist halb offen. Den Bauch locker und beim Sitzen heraushängen lassen. Dabei konzentrieren wir uns auf die Mitte oder/und auf das untere Dan Tien (chinesisch für Zinnober- oder Lebensfeld, das innen im Körper kurz vor dem Schambein gelegen ist; die Farbe Zinnober war im Altertum eine der kostbarsten Substanzen). Eine Unterstützung zum Entspannen an diesen Stellen ist die Vorstellung »Schwere«.

Ich schließe diesen Übungsteil mit zwei Atemtips.

Kraftatem bei kalten Füßen

Beim Ausatmen lenken wir den Prana-Strom in die Füße und lassen in der Vorstellung auch das Blut reichlich dorthin strömen. Beim folgenden Einatmen bejahen wir, daß sich unser Solarplexus mit Energie förmlich vollsaugt und nehmen das auch vor unserem inneren Auge wahr. In der Pause nun sehen wir, wie unsere Füße sich zu erwärmen beginnen und alle Kälte und Widerstände aus ihnen weichen. Wir denken »Wärme« und sehen gesunde Durchblutung. Das kann noch durch Fußkreisen beziehungsweise Auf- und Abbewegung der Füße unterstützt werden. Im Liegen oder Sitzen üben.

Sonnenintensivatem

Wir können die Wirkung aller Formen bewußten Atmens dadurch intensivieren, indem wir in der Sonne liegend üben, möglichst unbekleidet.

Achtung, das verstärkt gleichzeitig das Braunwerden! Das Sonnenbad kann aber auch bloß imaginiert werden.

Andere Atemschulen

Ich möchte im Anschluß an die Atemübungen noch kurz einige bekannte Atemschulen nennen.

Es gibt eine Vielfalt von kathartischen, therapeutischen, spirituellen und klassischen pädagogischen Atemmethoden. Darüber hinaus verwenden fast alle therapeutischen und alle geistigen Techniken den Atem. Gezielte Körper-, Energie-, Stimm- und Bewegungsarbeit sowie Gesprächsführung und der bewußte Einsatz von Musik eröffnen mit ihrem Wissen um den Atem den Zugang zur Intuition. Alle diese Richtungen bewegt eine Frage: Was passiert, wenn wir atmen?

Alle Atemschulen sind von einem inneren, verbindenden System getragen: Atem ist immer eine Brücke zum Wissen, das zwischen den Zeilen unserer physischen Existenz zu finden ist. Er macht auf relativ leichte Weise das Unsagbare erfahrbar.

Die Atemmassage nach *Ilse Middendorf* beispielsweise teilt sich in verschiedene Segmente ein. Es gibt Bewegungsübungen im Sitzen und im Stehen sowie mit Vokalen, die Inneres zum Vibrieren bringen und so bewußt werden lassen. Sie wechseln mit Massagen ab, in denen der Behandler mit seinen Händen den Erscheinungen des Atems in den einzelnen Körperteilen auf äußerst behutsame Weise durch langsames Drücken und Dehnen nachfolgt und den Klienten so für seinen ganzen Körper und etwaige Verspannungen darin sensibilisiert. Die Behandlung wirkt langzeitig tief und entspannt sehr gut, und zwar auf eine subtile Weise. Angestrebt werden Sitzungen über Jahre hin. Man lernt seinen eigenen Atem und die ihm entsprechenden Verhaltensmuster kennen.

Durch die Handbewegungen des Behandlers wird dem Klienten die individuelle Atembewegung deutlicher, was ihn schließlich das eigene Sein bewußter erfahren läßt: das Ich und seine Beziehung zum Unbewußten.

Übungen im Sitzen und Stehen bewirken ein harmonisches Zusammengehen von Bewegung und Atem. So werden Schäden der Wirbelsäule behoben, ebenso Spannungen im Körper sowie Atemstörungen. Der Klient wird langsam dazu gebracht zu erleben, daß er nicht nur einen Körper und einen Atem hat, sondern daß er dieser Körper und dieser Atem auch *ist*. Diese Erkenntnis bringt ihn zu seiner Verantwortlichkeit für sich selbst. So findet Heilung durch Erweiterung des bewußten Seins statt.

Diese Atemmassage verlangt eine spezielle Ausbildung an der Middendorf-Schule in Berlin und – mehr noch – reichlich Erfahrung.

Auch die sogenannte Fingerkuppenarbeit gehört zu dieser Ausbildung. Das Aufeinanderhalten und/oder Gegeneinanderdrücken der Finger beider Hände regt die Atmung an und macht sensibel für unsere Atemräume (das passiert auch durch das Summen verschiedener Vokale).

Übung nach der Middendorf-Methode: Wir legen zunächst Klein- und Ringfinger beider Hände aufeinander und drücken sie einige Atemzüge lang gegeneinander. Bitte gut aufgerichtet sitzen und vorsichtig beginnen, sonst kann die Wirkung ins Gegenteil umschlagen.

Der Atem soll dabei »schlückchenweise« und entspannt eingeholt werden, nicht zu viel und gierig. Diese Übung tut dem Beckenraum mit all seinen Organen gut.

Die Mittelfinger, die ebenfalls gegeneinander gepreßt werden können, entsprechen dem Rumpf, Daumen und Zeigefinger hingegen dem Kopf- und Schultergürtel. Wir können auch alle Finger gleichzeitig für etwa sieben bis zehn Atemzüge gegeneinanderdrücken.

Beim Zusammenlegen der gesamten Handflächen wird eine ausgleichende und gleichzeitig den Beckenraum entstauende Wirkung erreicht, die zugleich belebt (Bethaltung). Dasselbe kann man mit den Füßen tun (besonders das Drücken von Ferse, Außen- und Innenfußkanten, Fußspitzen).

In der Therapie von *Wilhelm Reich* und in der *Bioenergetik* (Alexander Lowen) spielt der Atem ebenfalls eine große Rolle. Ebenso zu nennen wären hier die *Konzentrative Bewegungstherapie* nach Elsa Gindler und H. Stolze, die sehr beruhigt, sowie die *Eutonie* nach

Gerda Alexander, die *Psychotaktile Methode* nach Dr. Glaser und Dr. Veldmann und nicht zuletzt die *Atemmassage* nach Dr. Ludwig Schmitt, dem berühmten »Münchner Atem-Schmitt«, die eine wunderbare Entspannung schenkt. Bliebe zum Schluß noch die vorzügliche Atemausbildung zu erwähnen, die von der verstorbenen *Frieda Goralewski,* genannt Gora, in Berlin aufgebaut worden ist.

All das geht natürlich zusammen mit Hatha-Yoga und den vielen anderen ausgezeichneten und auf langer Erfahrung fußenden Methoden, die uns seit einiger Zeit aus Asien erreichen, auch über den Umweg Amerika, vor allem Esalen und Santa Fe. Ich erinnere ferner an die Acht Schatzstücke der Chinesen (Shiatsu). Zu nennen ist auch die ayurvedische Medizin.

Manche Massageschulen achten ebenfalls aufs Atmen. Ich empfehle denjenigen, die sich besonders für die unsichtbaren, energetischen, doch für jede wirksame Massage unerläßlichen, meditativen Faktoren bei Massage interessieren, mein von japanischen Vorgehensweisen inspiritiertes Buch über Wa-Massage.

Die neuen Heilatemsitzungen

Leben ist Bewegung, Pulsieren, Tanz der Gegensätze: Chaos – Kosmos (Ordnung), Göttin – Gott. Dieser universale Tanz läuft anscheinend generell nach bestimmten Rhythmen ab, so daß das von uns allen so gefürchtete Chaos sehr wohl in eine (kosmische) Ordnung eingebettet zu sein scheint. Es entsteht irgend etwas; es wächst etwas: der eine Pol. Das stellt von der allem Existierenden unterliegenden Energie her gesehen eine Er-regung, Aufladung oder Induktion dar. Während dieser Impfung mit Energie kommt es zu bestimmten Erscheinungen: Da es energetisch auf einen Höhepunkt, auf eine höhere Ebene zugeht, scheint eine Art Reibung auf dem Wege dorthin stattzufinden, die auf uns bisher noch geheimnisvolle Weise diese Energieerhöhung (mit-)bewirkt. Die Reibung entsteht durch die Widerstände der niedrigeren Ebene, die dadurch gleichzeitig gereinigt und transformiert wird. Hierbei geht es eine Weile zwischen den beiden Polen oder Ebenen hin und her. Ist bei genügend guten Voraussetzungen, lokalen wie übergeordneten, der Höhepunkt erreicht, kommt es zu einem Wohlgefühl, einer Gnade, einer Energieexplosion, einer Art Orgasmus, die ein punktartiges Verweilen einer Erscheinung auf der höheren Ebene ermöglicht, wobei gleichzeitig diese höhere Ebene bereichert wird. Danach erfolgt schnelleres oder langsameres Abklingen in Richtung Ausgangsenergie (niedrigere Ebene), wobei die Energie jedoch nie mehr ganz auf den Ausgangspunkt zurücksinkt. Sie bleibt stets etwas darüber stehen, jedesmal etwas mehr, so daß nach einer gewissen Anzahl von Induktionen ein permanenter Zustand auf der nächsthöheren Energieebene möglich wird.

So bewegt sich in ständig fortschreitenden Kreisen Leben. Sei es eine Knospe, die zur Blüte erwächst, um dann fruchttragend zu verblühen, sei es die Zeugung eines Menschen, das Entstehen von

Kunstwerken oder genialen Ideen, das Aufkommen einer Religion oder Kultur. So geschieht es, wenn es die Ebenen- beziehungsweise die Energiekreisleiter hinaufgeht. Bewegt sich die Energie diese »Jakobsleiter« hinab, entstehen die sogenannte Negativität, Krankheiten, »Dämonen« und Tod. So geschieht es auch auf unserer Erde, die als Planet selbst wieder in einen noch größeren Energiekreislauf eingebettet ist. Es ist ein Durchlichten, Energetisieren von Materie beziehungsweise das Gegenteil: Licht bewegt sich zwischen zwei Dunkelheiten hin und her und umgekehrt. Auch Tantra bedient sich dieses Gesetzes, indem durch physische und seelisch-geistige »Reibung« Energie erzeugt wird, ähnlich wie bei einem Motor. Den Atem können wir ebenfalls so deuten.

Die drei universellen Phasen der Energieerhöhung

Bewußtes Atmen folgt dem Ablauf von Induktion, Explosion und Relaxation (IER). Wer die dem innewohnenden Gesetzmäßigkeiten erforscht, kann die Geheimnisse des Orgasmus ebenso entdecken und nutzen wie dieses Wissen auf alle übrigen Energie- und Lebensprozesse übertragen und anwenden. Wir hatten gesagt, im Rebirthing kämen automatisch Muster aus unserer unbewußten Ebene herauf und lösten sich dann aus dem System. Nichtsdestotrotz ziehen wir es gemeinhin vor, uns an ihnen festzuklammern. Das geschieht gewöhnlich fast von selbst und wird außerordentlich hartnäckig beibehalten (»Drama«). Das »Wegschlafen« in der Atemsitzung ist das andere große Hindernis, worüber wir womöglich noch weniger Kontrolle besitzen. Beides braucht einen Helfer so lange, bis wir gelernt haben, damit selbst umzugehen. Das ist in der Regel erst nach einer gewissen Zeit der Fall, wenn durch das »Abatmen« der stärksten Traumata der Druck aus den Tiefen des Unbewußten geringer geworden ist und das Leiden langsam verschwindet.

Beileibe nicht immer wird voll im Bewußtsein aufgenommen, was da abläuft und entweicht. Fest steht, daß jeder bewußte tiefe Atemzug eine Reinigung bedeutet, nicht nur seelisch, sondern auch auf der körperlichen Ebene, da der Körper durch das intensivere Atmen mehr mit Sauerstoff versorgt wird (Induktion). Es wird dabei zusätzlich eine bestimmte Energie, das Prana, aufgenommen, die Lösung und Revitalisierung bewirkt, indem in den Körperzellen auf der atomaren Ebene die Elektronen auf eine höhere Umlaufbahn springen (Explosion). So kann der Körper mehr Licht aufnehmen. Behindert wird dieser Vorgang »nur«, wenn die Elektronen durch vehemente unpassende Vorstellungen festgehalten werden. Solche Verknotungen ziehen sich vom Mental- bis in den physischen Körper hinein. Wenn ein Atemzyklus innerhalb einer Sitzung ganz durchlaufen wird – und das sollte möglichst der Fall sein –, macht sich das in der gespürten Erleichterung bemerkbar (Relaxation).

Im Laufe der Zeit konnte ich diese drei obengenannten Stadien, Funktionen und Möglichkeiten bei Atemsitzungen immer besser beobachten, kennenlernen und unterscheiden. Die Diagramme auf den folgenden Seiten, dessen Grundzüge dem Buch von Rosenberg/Rand/Asay über Körpertherapie entnommen sind, das sich nicht ausdrücklich auf das Rebirthing bezieht, zeigt diese Beziehungen und ihr Umfeld. Eine einzelne Sitzung bewußten Atmens läuft ebenso nach diesem Schema ab wie auch eine Gesamtfolge von zehn oder mehr Sitzungen.

1. Die Induktionsphase

Nehmen wir beispielsweise eine Einzelsitzung: Durch bewußtes Atmen wird eine Schwingungserhöhung herbeigeführt, die sich wissenschaftlich anhand physiologischer Veränderungen messen läßt und die von Hellsehern an der Veränderung der Aura abgelesen werden kann. Wir erkennen, daß die Haut des Atmenden rosiger und in gewisser Weise strahlender wird, so daß seine Züge ausgeglichener und Mund und Augen ausdrucksvoller erscheinen.

Jede Schwingungserhöhung beim Menschen erfolgt in Stufen. So können wir es bei der Meditation erleben, beim Atmen oder beim Joggen. In der Induktions- oder Anfahrphase tritt das bereits erwähnte Hautprickeln oder -summen beziehungsweise tauchen

Der universale IER-Effekt bei Atemsitzungen

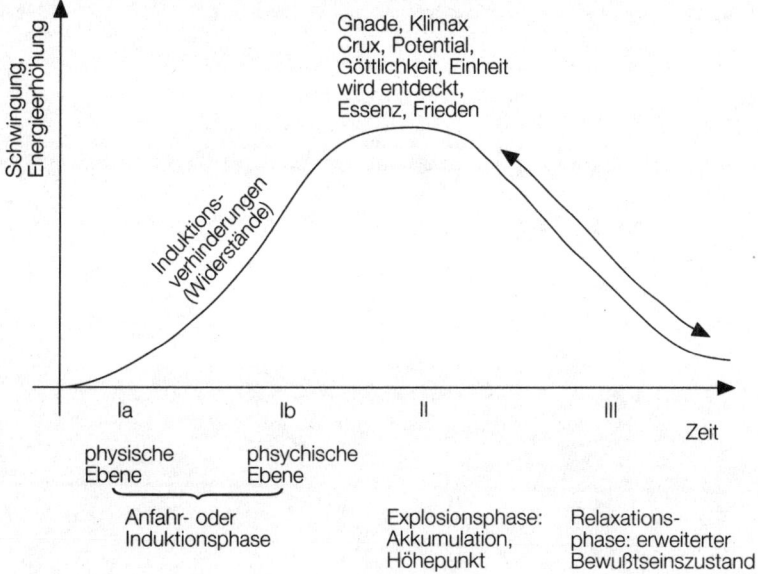

Induktionsverhinderungen
Durch Änderung des Atemmusters wird Energie aufgebaut, die die Widerstände auflöst. Dieser
Vorgang wird von verschiedenen Phänomenen begleitet:

physisch	Hände und Schultern (»Tetaniehand«)
Kribbeln, taubes Gefühl,	Füße
Zittern	Gesicht
	Bauch (Erbrechen)
	runde Muskeln: Augen, Mund, Vagina, After
	Gähnen, Rülpsen*, »Ring um die Stirn«
	Husten
	Kälte/Hitze
psychisch	»Drama«
Gefühle, Gedanken	»Wegschlafen«
	Kichern, Lachen, Reden
	Unruhe

* Gähnen und Rülpsen sind jedoch auch Vorboten einer allgemeinen Entspannung und sollten
nicht unterdrückt werden.

67

Der IER-Effekt und die Bewußtseinsebenen
(Die Ebenen sind des besseren Verständnisses wegen übereinander
dargestellt, sie sind ineinandergeschachtelt vorzustellen.)

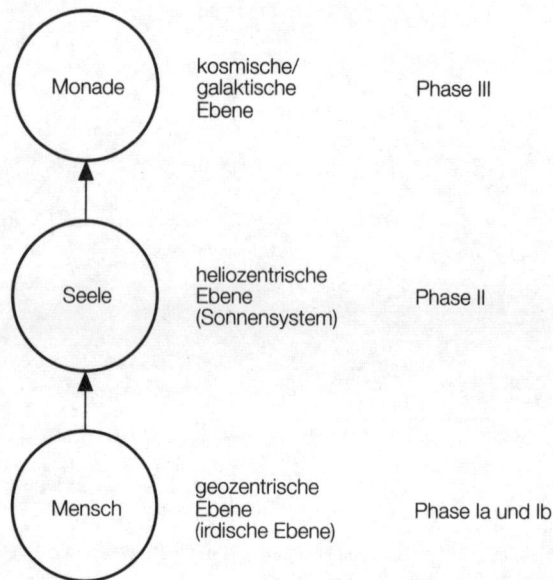

Das sogenannte Erwachsensein ist nur eine neue Phase in der Existenz des göttlichen Kindes, das der Mensch ist. Wir machen viele Phasen durch, ehe wir wirkliche Menschen, das heißt geistig erwachsen werden und die Erde verlassen. Beim bewußten Atmen können wir diese verschiedenen Ebenen kennenlernen und uns ihnen immer mehr nähern.

Energiemuster

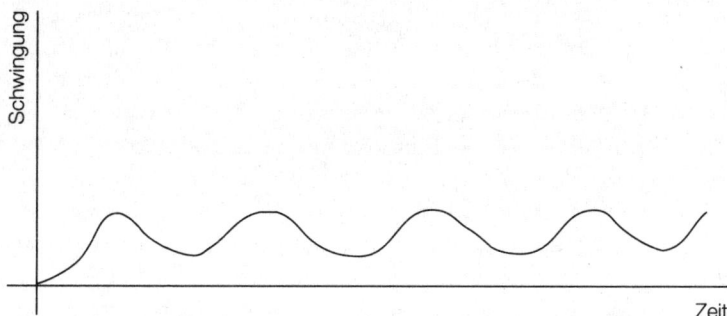

Energieerscheinungsfeld eines Menschen mit zwanghaft sich wiederholendem Kreislauf von Depression mit »guten« Zwischenphasen (normaler Streßalltag).

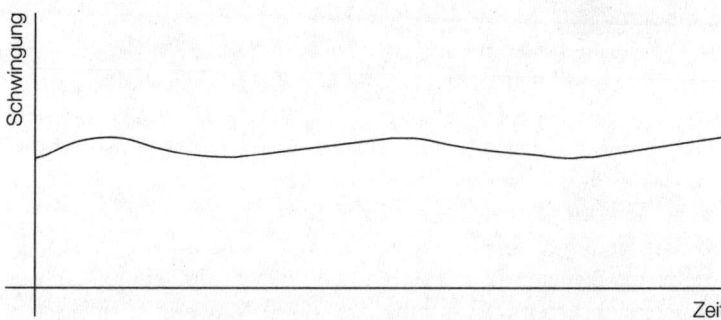

Ausgleich der Energien, Wegfall der Depression und allgemein höheres Energieniveau nach einer Reihe von Atemsitzungen. (Der Erfolg von Atemsitzungen läßt sich anhand von Kirlianaufnahmen verfolgen.)

diese Taubheitsgefühle als Reaktion des Blutkreislaufs auf die sich langsam erhöhende Energie auf. Das sind erste Signale. Danach machen sich Hautrötungen beziehungsweise weiße Stellen dort bemerkbar, wo Blockierungen liegen. Es kann im Zusammenhang damit zu Hitze- oder Kältegefühlen kommen. Sind die Gewebe frei von Blockaden, dehnen sich Muskeln und Zellen aus, ebenso wie auf anderer Ebene die Gefühle und das Denken. Wo es infolge irgendwelcher Traumata oder falscher Denkweisen zu Spannungen gekommen ist, sind die Muskeln kontrahiert, ist der Stoffwechsel aus dem Gleis geraten. Der Bauch kann weh tun (verkrampfter Solarplexus durch verkrampftes Zwerchfell; Erbrechen). Die Ringmuskeln im Körper können angespannt sein (Augen, Mund, Vagina, After), Gähnen und Rülpsen auftreten. Ebenso kommt es zu Husten, wenn sich das Halschakra öffnet, oder auch zu Zähneklappern. Soweit die physischen Merkmale der Energieerhöhung beziehungsweise der dabei eventuell zeitweise auftretenden Induktionsverhinderungen. Psychisch gehen damit oftmals Kichern, Lachen, Unruhe, Dramatisieren einher (siehe auch Seite 67).

Da das menschliche System anfangs nicht mit der erhöhten Energie vertraut ist, »weigern« sich viele Menschen, sie zu akzeptieren. Es ist wie ein noch ungewohntes Kleid aus einem neuartigen Material, dessen Eigenschaften man nicht kennt und das daher angst macht. So kommt es zu diesem Lachen, zu Sprechmarathons während der Sitzung, zum Herumzappeln, Räuspern und so weiter. Wir können als Begleiter hier erklärend und beruhigend eingreifen, die Körperspannungen und -schmerzen durch Massage oder Shiatsu lindern helfen, die steifen Hände auf der Matte aufschlagen oder taube Knie und Füße schnell bewegen, bis sie ermüden und so besser entspannen. Falls zudem das Dramatisieren beginnen sollte, kann auch feinstoffliche Arbeit mit den Chakren guttun (siehe die Übungen im Kapitel »Mentaltraining«).

Meiner Beobachtung nach erfolgt das gefürchtete »Wegschlafen« stets dann, wenn sich starke Traumata aus den Tiefen lösen wollen. Die Klienten stehlen sich teilweise aus dem Körper, atmen nicht mehr oder nur wenig, die Brust wird kaum gehoben. Auf Anfrage antwortet der Atmer sogar, und seiner Meinung nach atmet er ganz gut. Hier ist nun eine Gelegenheit, mit kurzen Fragen behutsam ins Zentrum des Traumas zu lenken. Es schaut dem Atmer sozusagen aus jeder Pore, nur er selbst merkt gewöhnlich nichts davon. Meist ist es ein gutes Stück Arbeit, an diese Wunde heranzukommen. Unbewußt scheut der Atmer zurück: Diesen schlimmen alten Schmerz will er nicht mehr erleben, er hatte ihn ja gerade deshalb in seine unbewußten nebligen Tiefen »abgesenkt«. Oft geht der seelische Schmerz auch mit physischem Schmerz einher.

Durch vorsichtiges und mitfühlendes Fragen vermag der alte Konflikt ans Licht gehoben zu werden. Der Atmer kann jetzt nie stattgefundene Gespräche oder Situationen vollenden und damit Trennungen vornehmen. Der Klient bekommt auf diese Weise Nachrichten über sich selbst und seine blinden Flecken. Sie kommen in Wellen von Wut und Weinen daher, aus bisher unbekannten Kellerräumen seiner selbst. Er kann verstehen, noch später auch sehen, daß er heute anders zu reagieren vermag, da er kein hilfloses Kind mehr ist.

Hier ist der Platz für das sogenannte positive Introjekt der mentalen Arbeit, nachdem die eingefahrene negative Verhaltens-/Denkschiene erkannt ist. Es kann in Form einer Affirmation oder anderer mentaler Techniken erfolgen (siehe die entsprechenden Kapitel weiter hinten). Es ist sehr wichtig, daß der Klient die Worte für all dies selbst findet, sonst wechselt ein Implantat lediglich das andere ab. Auch muß es immer eine körperlich-seelische Reaktion geben, damit die ganze Sache nicht nur im Kopf stattfindet. Echte Transformation geschieht physisch, mental *und* emotional; sie geht sogar bis in die geistig-spirituelle Ebene hinein.

Diese sehr sensible Seelen-Introjekt-Arbeit ist wie eine psychische Massage, die bei fortschreitender Atemarbeit etwa bei der fünften bis achten Sitzung ansteht und der zur Lösung der Körperspannungen eine konkrete Massage folgen kann.

Haupttraumata benötigen manchmal mehrere oder längere Sitzungen. Man kann sie unterstützen durch eine Sitzung im warmen Wasser (Badewanne). Übrigens sind bei wachsender Erfahrung mit zunehmender Durchlässigkeit sehr wohl Sitzungen, die den ganzen Tag dauern, denkbar (transpersonale Erfahrungen).

Bei der Loslösung von Bezugspersonen aus der Kindheit (Mutter/ Vater) ist es wichtig zu verzeihen, da sonst keine anhaltende Lösung stattfindet. Die entsprechenden Affirmationen sind in einem späteren Kapitel aufgelistet. Zuvor sagt der Klient in der Sitzung der nicht physisch anwesenden Bezugspersonen jedoch alles, was damals nicht ausgesprochen werden konnte; es ist dies stets ein mit vielen Tränen verbundener wütend-trauriger Vorwurf. Dieser Vorwurf wurde unbewußt bis in die gegenwärtigen Beziehungen mitgeschleppt, wo sich die unproduktive Haltung vervielfältigte, festigte und mit jedem Partner mehr zur Gewohnheit wurde. Der Begleiter ist daher für einige Zeit eine Art Mutter (Bestätigen und Aufbau des Selbstbewußtseins des Klienten). Diese Nähe und Liebe ermöglichen dem Klienten, sich dem gefährlichen alten Drama zu nähern und es zu konfrontieren, ohne dabei erneut »sterben« zu müssen. Der Begleiter muß auf sich gut aufpassen, damit er nicht in Versuchung gerät, auf Dauer die allumfassende gute Mutter zu spielen. Folglich klappt diese Arbeit nur bei Klienten, die bereits ahnen, daß sie für alles, was ihnen im Leben geschieht, selbst verantwortlich sind, die halbwegs ja zum Leben sagen, also wenigstens den Willen haben, sich zu entwickeln.

Den Begleiter oder Therapeuten, der sich stets ununterbrochen im Zustand bedingungsloser Liebe befindet, gibt es nicht. Wo dieser Anschein erweckt wird, um einen im wahrsten Sinne unmenschlichen, weil übermenschlichen Vollkommenheitsanspruch einzulösen, wird Ermüdung oder Ärger nur überdeckt. Der Klient spürt bewußt oder unbewußt diese Schwingungen, und so haben wir die jahrelangen Therapien, die nichts wesentlich zu verändern scheinen. Einer amerikanischen Erhebung nach hassen viele Psychiater einige ihrer Klienten.

Für das ungetrübte Vertrauensverhältnis zwischen Klient und Begleiter ist es zudem wesentlich, daß der Klient weiß, daß der Begleiter, weil menschlich, auch fehlbar ist. Aufgabe des Begleiters ist es, durch gutes Beispiel eine Atmosphäre der Integrität und Ehrlichkeit herzustellen, die den Klienten ermutigt, auch seinerseits alles auszusprechen, was er – mit dem Aufleben seiner Muster – für den Begleiter fühlt. Die wirklichen oder projizierten »Fehler« müssen und können so besprochen werden, was außerordentlich heilsam ist.

Das Spektrum der schwierigen Haupttraumata ist eher begrenzt. Stets geht es um fehlende Liebe, Wärme oder Aufmerksamkeit und das durch diese Kälte beeinträchtigte Selbstgefühl der Menschen. Wenn der Klient dies als Erwachsener verstehen lernt, vermag er sich die fehlende Liebe selbst zu geben, nachdem der Begleiter dieses Selbstbewußtsein durch sein phasenweises Mitgefühl induziert hat. Dann kann sich der Klient nach einiger Zeit der Stützung mutig ins Leben begeben und Neues probieren. Eventuelle Rückfälle, besser gesagt, Rückversicherungen der Liebe des Begleiters, werden immer seltener werden, bis sie sich schließlich als überflüssig erweisen. Eine einige Monate oder Jahre dauernde Phase der Umorientierung ist überwunden.

Meiner Erfahrung nach ist es unumgänglich, daß der Begleiter neben Wärme auch Strenge zeigt, und zwar zur rechten Zeit. Dabei helfen Erfahrung und Intuition. Es ähnelt der Elternrolle: Verwöhnen bringt nichts.

Was ist nun mit den Menschen, die so früh in der Kindheit Verletzungen erlitten haben, daß sie noch einmal eine Art Säuglingsphase brauchen? Ich meine, daß solche Klienten in gewöhnlichen Praxen relativ selten anzutreffen sind, denn sie bevölkern traurigerweise unsere Nervenheilanstalten. Menschen der Stützungsphase (mit späteren Kindheitsverletzungen) fallen jedoch manchmal für kurze Zeit in diese Säuglingsphase zurück. Normale Menschen, und Therapeuten zähle ich dazu, sind nicht wirklich fähig, solche »Dauersäuger« zu betreuen. Eventuell können sich diesen Dienst Liebende mit genügend Beziehungserfahrung erweisen. Das Engagement echter Liebe allein ist wohl fähig, einem andern Menschen für eine Zeit diesen totalen Einsatz zu gewähren, der sonst nur von einer Mutter verlangt wird, bis beide Liebenden aus dieser Abhängigkeit dann in die Selbständigkeit gelangen können.

2. Die Explosionsphase des neuen Lebensgefühls

Nach der Induktionsphase bei Atemsitzungen, in deren Verlauf sich Haupttraumata und die Mißverständnisse alter Verhaltensschienen gelöst haben, werden die inneren und äußeren Bahnen zur Kanalisierung immer höherer Energien frei. Nun kann es zu einem Höhepunkt kommen, zu einer Akkumulation. Die durch das Lösen und den Atem gesammelte Energie bewirkt in einer Explosion einen Sprung auf eine höhere Ebene, auf der wir das bisher Geleistete und Gelernte mehr oder weniger plötzlich in einen höheren Zusammenhang gestellt sehen und begreifen. So führen aufgelöste Dramen zu neuen, würdigeren Lebenszielen, die wir vorher nicht gesehen und vor allem uns auch gar nicht zugetraut hätten. Mit der Einbindung in ein größeres Lebensmodell oder Paradigma finden wir auch die Kraft für Neues. Wir sind in das allem Lebenden zugrunde liegende morphologische Feld vorgestoßen, in die kosmisch-universale Energie. Barbara Ann Brennan schreibt dazu in ihrem Buch *Licht-Arbeit:* »Dem universalen Energiefeld liegt grundsätzlich eine synergistische Organisation zugrunde. Es ist eine gleichzeitige Aktion unabhängiger Elemente; ist mehr als die bloße Summe der Teilenergien. Der Durchbruch kommt dann, wenn der Klient einen bestimmten Gedanken mit starker emotionaler Ladung so lange festhalten kann, bis die Emotion zum Ausdruck kommt. Wenn der Klient den Ärger oder den Schmerz, der an einen Gedanken geknüpft ist, aushält, stößt er zu tieferen Ebenen dieser Gedankenform vor, und das ergibt Heilung.«

Mit dem Erleben des Höhepunktes findet die Ausbreitung der akkumulierten Energie in allen Körpern statt: physisch, emotional und mental. Gleichzeitig erfahren wir ein neues, stärkeres, höheres Lebensgefühl. Wir erkennen besser, wer wir sind und was wir wollen. Der kleine Geistesfunke, der in jedes Lebendige gesetzt ist, wächst zu einem Bewußt-Sein heran. Dieses neue Gefühl festigt sich mit jeder Sitzung, bis es eines Tages zu einer stetigen Erfahrung unserer selbst geworden ist. Dann brauchen wir keine äußere Stützung mehr, wir stützen uns innerlich durch diese Essenz unserer selbst, die wir gefunden haben. Dies kann bis zur Erfahrung und

Anerkennung göttlich-kosmischer Bereiche gehen. Diese unsere Wahrheit möchten und können wir dann auch leben.

Um den Mangel an elterlicher Liebe aus einer anderen, weiteren Dimension heraus verstehen zu helfen, frage ich beim Lösen von Haupttraumata immer nach dem »Bonbon«, nach dem Positiven, solcher schlechten Erfahrungen. So findet zum Beispiel ein Klient Zugang zu seinem eigenen Schatten, wenn er erkennt, daß er eine »kalte« Mutter hatte, um selbst Mitgefühl zu verstehen und zu lernen. Hier können sich dann auch gut astrologische Beratungen anschließen – beispielsweise zu den Mondknoten –, die dies noch vertiefen und klären. Der Gewinn besteht in weiterer Lösung und Annahme abgelehnter Anteile, für die Verantwortung übernommen wird.

Wesentlich und angemessen ist es nach meiner Erfahrung also, daß der Klient beim Bearbeiten seiner kindheitlichen Störungen verstehen lernt, diese auch von einer höheren Warte aus zu begreifen, daß zum Beispiel all die furchtbaren Erlebnisse im tiefsten Grunde etwas mit seinen eigenen tiefen Verdrehungen, Irrtümern und Mißverständnissen als Seele zu tun haben! Ich denke, daß niemandem Haß und Kälte zustoßen, wenn er sie nicht tief in sich selbst trägt, so ungerecht und einsam manche Kindheiten sich auch anfühlen mögen.

3. Die Relaxationsphase: Atem und Erkenntnis

Mir ist bei der Atemarbeit aufgefallen, daß die Stufen, über die die Erhöhung der Energie vonstatten geht, bei zunehmender Sitzungszahl sich mit den in den alten Lehren angegebenen Initiationsstufen in etwa vergleichen lassen. Wenn der physische Körper reif geworden ist, heißt das aber noch nicht, daß der ganze Mensch mit all seinen Körpern reif ist. Das ist ein weitverbreiteter Irrtum, ein Mißverständnis. Die emotionale Reife erreicht der Mensch erst sehr viel später, manchmal nie in dem Leben. Ebenso ist es mit der mentalen Reife, die noch später erfolgt, oft aber auch vor der emotionalen Reife kommt beziehungsweise zusammen mit ihr und mit der geistigen, spirituellen Reife. Der wahre Gehalt von Einweihungen ist, daß sie nicht von einem Guru kommen, sondern durch das Leben, wenngleich eine Initiation im Rahmen eines Rituals einen Samen legen kann. Wir sind geistige Wesen in einem physischen Körper, so muß ein Vervollkommnungsprozeß auch beides berücksichtigen, also Körperarbeit und geistige Arbeit, wobei dies durch den Atem, durch seinen Doppelcharakter von materiell und geistig, zum guten Teil bereits geleistet wird.

Durch die Arbeit mit dem Atem verändern sich, wie erwähnt, physiologische Reaktionen auf emotionale Konflikte und umgekehrt. Wenn nun Verstehen und Einsicht in den Mechanismus der Erschaffung von Wirklichkeit hereinkommen, das heißt, wenn wir durch die zusätzliche Erkenntnisarbeit begreifen lernen, wie Verstand und höherer Mentalkörper arbeiten und wie wir tatsächlich alles im Leben selbst bewirken und daß wir diese unsere Göttlichkeit für oder gegen uns und andere richten können, stellen sich Achtung vor sich selbst und vor anderen ein.

Wir rollen die Unvollkommenheit sozusagen von zwei Seiten zugleich auf: Zum einen können wir durch die Art des Atmens Loslösung erreichen, zum anderen durch Erkenntnisarbeit den Willen zu positiven, ausdehnenden Gedanken stärken. Wut zieht zusammen, Liebe dehnt aus. Es ist revolutionär und doch uralt: Gefühle sind durch Atemübungen formbar und daher veredelbar. Diese Veränderung des Atemmusters wirkt sich außerdem auf die endokrinen Drüsen und somit auf die Funktion der Chakren sowie auf das Nervensystem aus (siehe auch Abbildung Seite 77).

Mit abnehmender Panzerung und der Gewöhnung an höhere Schwingungen können wir neue Ebenen der Energie und Erkenntnis zulassen, ohne die Induktion zu verhindern. Die angenehmen Gefühle nehmen schließlich zu, auch die neue Identität/Sicherheit stabilisiert sich. Nun ist der Zeitpunkt für die Arbeit mit feinstofflichen Techniken (Visualisierungen, Arbeit mit den Chakren und so weiter) gekommen, und die transpersonalen Erfahrungen beginnen (Phasen II und III). Die Phänomene dieser spirituellen Erlebnisse sind zum Teil ähnlich wie in der Anlaufphase auch; sie bleiben dennoch deutlich von ihnen unterscheidbar. Dieser Prozeß geht nicht schnell vor sich. Die Arbeit mit Archetypen, die uns zu Beginn,

Längsschnitt durch das Gehirn

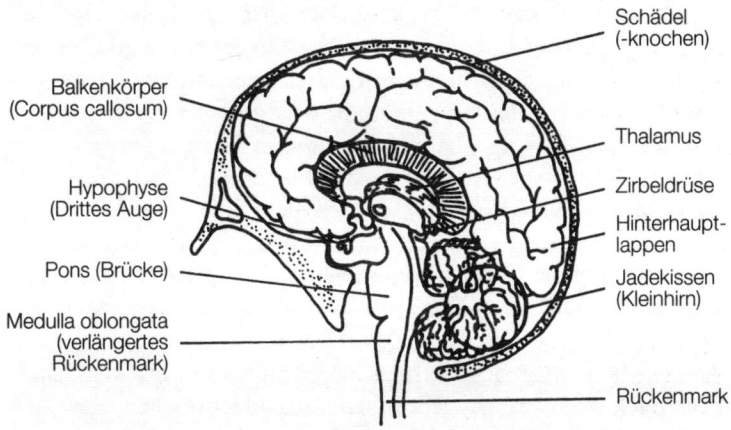

Schädel
(-knochen)

Balkenkörper
(Corpus callosum)

Thalamus

Hypophyse
(Drittes Auge)

Zirbeldrüse

Hinterhaupt-
lappen

Pons (Brücke)

Jadekissen
(Kleinhirn)

Medulla oblongata
(verlängertes
Rückenmark)

Rückenmark

Lage von Hypophyse, Zirbeldrüse und Jadekissen, die für feinstoffliche Vorgänge im Körper wichtig sind und die sich im Laufe von mehreren Atemsitzungen beleben und vergrößern. Nach einer alten und wirksamen taoistischen Übung, die auch von Mantak Chia beschrieben wird, sollte man sich jeden Tag alle diese Teile des Gehirns vorstellen und in sie hineinlächeln. Das kann man ebenso mit den inneren Organen tun sowie Wirbel für Wirbel mit der Wirbelsäule, wobei der Fluß der Rückenmarksflüssigkeit angeregt wird und das Nervensystem sich beruhigt.

besser in der Mitte des Induktionsprozesses, geholfen hat, ist bei späteren Sitzungen abermals nützlich: Märchen und Mythen verstehen wir nun auf einer anderen Ebene, Ereignisse ebenfalls. Wir lernen, zwischen den Zeilen zu lesen und zu sehen. Synchronizitäten bekommen eine besondere Bedeutung. Ebenso erfahren wir immer deutlicher, daß *wir* für unser Leben verantwortlich sind und niemand sonst. Wir allein haben es in der Hand, unser Leben zu gestalten.

Auf der körperlichen Ebene gibt es natürlich ebenfalls Veränderungen. Wir spüren die Chakren, und das kann auch weh tun. Wir können zeitweise launisch werden oder sexbesessen. Sex und Liebe werden in schmerzhaften Prozessen miteinander verbunden.

Auch gibt es durchaus Zeiten, in denen es uns so vorkommt, als würden wir verrückt. All das sind Auswirkungen der Angst. Wir können dann Stimmen hören, Visionen haben oder Illusionen erliegen. Bei steigender Energie entsteht im Körper womöglich Hitze. Das hat bei Frauen jedoch nichts mit den sogenannten Wechseljahren zu tun. Auch kommt es vor, daß das Kopfinnere aufschwemmt; im Kopf fühlen wir es knacken. Die Augen brennen zuweilen.

Ein Zündfunke hat eine Entwicklung in Gang gesetzt, von der es nun – glücklicherweise – kein Zurück mehr gibt. Natürlich macht das auch angst, und viele Menschen bauen nun Widerstände auf, was zu starken Muskelzusammenziehungen führen kann, ähnlich wie in der Anfangsphase. Charakteristische Zeichen sind hier jetzt ein ganz bestimmtes Kopfweh mit Zwerchfellzusammenziehung wie bei Übelkeit sowie eine spezielle Spannung im Nacken-Schulter-Bereich. Manche Dinge können wir einfach nicht mehr essen oder riechen. Uns wird zuweilen unglaublich kalt, bis in die tiefsten Knochen: Es ist ein Merkmal sehr tiefer Prozesse. Sex kann an Bedeutung verlieren, mag jedoch in anderen Fällen auch nicht völlig aufgegeben werden. Bewegung ist ganz ungeheuer wichtig, doch keine extreme, damit die Chakren gut funktionieren. Man kann hellfühlig oder hellsichtig werden. Ein spiritueller Führer aus der feinstofflichen Ebene wird auftauchen oder auch weggehen. Es ist überaus wesentlich, alle Glaubenssysteme, auch die spirituellen, fallenzulassen. Sie bremsen nur. Es trifft das ein, was wir denken. »Wie innen, so außen«, nicht mehr »Wie außen, so innen«. Hier wird man durchaus auch mal dem Größenwahn verfallen: Wir sehen uns als Weltenretter, der die Weisheit weitergeben will, statt sie zu sein. Ebenso können wir besessen werden, wenn wir unserem Schatten begegnen und ihn leugnen.

Für den Begleiter bei solchen fortgeschrittenen Atemprozessen ist es nun elementar wichtig, sich nicht vom Klienten bewundern zu lassen. Abgesehen davon, daß es bald langweilig wird, schadet das beiden. Den Klienten hindert es, seinen eigenen göttlichen Kern zu entdecken, den Begleiter hält es durch die Illusion fest, daß er bereits alles wisse. Auch ist es hier ganz besonders wichtig, daß jeder »Fehler« des Begleiters offen von beiden erörtert wird.

Wir können ferner stolz werden auf die besonderen Kräfte, die sich eventuell entwickeln. Abgesehen davon, daß Stolz sie wieder vertreiben wird, behindern wir unsere weitere Entfaltung, wenn wir dort stehenbleiben wollen. Das gleiche passiert, wenn uns übersinnliche Erfahrungen ängstigen. Ich selbst habe solche Erfahrungen gemacht, bevor ich sie verstehen konnte, deshalb vermochte ich sie zuerst nicht auszuhalten, wurde für ein Jahr so etwas wie verrückt und hatte viel daran zu arbeiten, wieder geerdet zu sein.

Und die letzte »Falle«, in die wir geraten können, ist, daß wir beginnen, auf Atemsitzungen, Meditation oder eine besondere Therapie zu schwören. Doch es gibt *die* Methode nicht. Viele Wege führen nach Rom. Auch diese Begrenzung muß irgendwann überstanden werden.

Spirituelle Erfahrungen kommen gewöhnlich durch Lebenskrisen daher. Sie können jedoch auch auf anderen Wegen erfolgen: durch stetige Meditation, durch das Gebären eines Kindes, durch Drogen in einem bestimmten Rahmen, durch okkulte Handlungen und auch im Verlauf von intensiven Atemsitzungen. Die Erfahrung kann langsam vonstatten gehen oder als ein umwerfendes und tief veränderndes Erlebnis zu uns kommen. Wenn wir uns durchs Atmen und den damit verbundenen Verstehensprozeß von Zwängen befreien, nehmen wir die Seele einerseits stärker wahr, andererseits kann sie sich besser durch uns ausdrücken. Kennzeichnend für transpersonale Erfahrungen ist, daß sie nicht bewußt herbeizurufen sind.

Die Lösungs- oder Höhepunktsphase beim bewußten Atmen tritt zwar auf jeden Fall ein, doch kann sie von totaler, lustvoller »bloßer« körperlicher Entspannung über Geistesblitze und Erahnen von etwas Größerem bis zu Visionen, Gotteserfahrungen und zur Erfahrung unserer selbst als reine Energie oder Leere gehen. Es ist wie ein Sich-Erinnern. Archetypische Erkenntnis erfolgt. Wir spüren, daß sich alles in und um uns nach universellen Gesetzen bewegt. Wir fühlen, daß wir mehr sind als ein Körper, daß ein Kern von uns ewig ist. Wohl das Wichtigste ist die Erfahrung, daß wir zum puren Ausdruck dieser Seelen-/Monadenschwingung zu werden vermögen. Das gibt uns Vertrauen.

Je besser es uns beim bewußten Atmen gelingt, die Energie anzufachen und wie einen Laserstrahl zu konzentrieren – bei gleichzeitiger Erdung –, desto deutlicher werden die erst rauschhaften transpersonalen Erfahrungen zu mehr Klarheit voranschreiten. Es ist nichts, was Worte erfassen können. Mit der Zeit hilft uns diese sich stetig erhöhende Energie, alles zu lassen, was den Ausdruck des Höheren in uns stören könnte. Wir erfahren, daß das Göttliche in uns ist und es zu unserer Aufgabe gehört, das im Alltag auszudrücken – nicht in irgendwelchen abgehobenen Zirkeln. Wir werden ebenfalls resistenter gegen die Versuchungen niederer Schwingungen. Wir werden kreativ! Wir suchen uns Aufgaben und Herausforderungen, die wir zuvor nicht für erledigbar gehalten haben. So bin ich durch einen »Zufall« zur Massage und zum Bücherschreiben gekommen, zum Atemausbildunggeben, zum Malen von intuitiven Seelenbildern, zum Theaterspielen.

Doch ist der Weg zu diesen Erfahrungen nicht immer leicht und schön, wie wir aus der langen Beschwerdenliste ersehen. Er mag auch mit einer Zeit tiefer, unfreiwilliger Einsamkeit einhergehen. Der Mystiker Johannes vom Kreuz nennt das die »dunkle Nacht der Seele«. Vielleicht ist das der wahre Weg von Jesus zu Christus, der Weg von der solaren zur kosmischen Ebene. Dazu gehört scheinbar auch, daß wir irgendwann alle Überzeugungen, Visionen, Autoritäten und sonstigen Methoden wie Astrologie, Reinkarnation, Karmabegriffe oder Meditation hinter uns lassen müssen. Wir können die Auswirkungen auf die Gesellschaft nur ahnen! Alles ist zurückzulassen, damit wir über die letzte Angst hinwegzugehen wagen. Es wird dabei wohl auch noch eine weitere Lösung von der Mutter nötig sein, es mag so erscheinen, als ob die leibliche Mutter durch Mutter Erde ersetzt wird. Mutter Erde, die Göttin, ist dann ein Kern in uns selbst, der sich auf mehreren Ebenen auf das Kosmische bezieht.

Es beginnt das Land der durch Sprache unausdrückbaren Paradoxa, und uns hilft nur das erfahrene Wissen, daß es absolut keine Grenzen gibt, daß wir alles erreichen können, so wir nur wollen und dafür losgehen: Auch Wunder sind möglich. Dieser Weg öffnet sich, wenn wir gelernt haben, uns mit Macht und Ohnmacht samt ihren Derivaten Sex und Geld auseinanderzusetzen und imstande sind, Grenzen zu ziehen.

Kurz vor der Phase der Auseinandersetzung mit der Macht werden die männlichen und weiblichen Anteile in uns selbst verspürt und bearbeitet. Es handelt sich dabei um Arbeit im Archetypischen, im Kollektiven, wobei sich jedoch gleichzeitig unsere konkreten Beziehungen verändern. Andere Menschen sind um uns, womöglich trennen wir uns vom bisherigen Lebenspartner oder gehen eine tiefe Verbindung mit jemandem ein.

Doch zuvor werden wir mit dem Tod bekannt und »wissen«, daß er ein Durchgang ist, daß alles ein Tanz ist und sich bewegt. Das kann auch zusammengehen mit der transpersonalen Lösung von der Mutter und ist überaus schmerzhaft, da hier Verkehrungen und Zwänge in sehr hohen, spirituellen Ebenen aufgelöst werden. Dadurch findet eine Verschiebung der Identifikation statt. Zu Anfang lernen wir unseren Körper zu spüren, später wissen wir dann, daß wir mehr sind. Es ist wie ein kleines Licht, das sich in uns entzündet und wächst; dann irgendwann beginnen wir, das Licht zu sein.

Indem wir durch solche Erfahrungen gehen, mögen sich die erlernten und geübten Arbeitsinstrumente in gewisser Weise wieder relativieren. Ich hoffe, der Leser fühlt sich bei dieser Feststellung nicht irritiert. Es ist wie beim Klavierspielen: Erst wenn wir unser Können zu »vergessen« vermögen, erwächst daraus die Kunst der Intuition, die jetzt zusammen mit dem geistigen Gesetz in uns weiterwirken wird.

Wir beginnen mit dem Rebirthing-Atem, der alles von allein macht und erreichen über die gezielte Auseinandersetzung mit einzelnen Phänomenen, die bei Atemsitzungen auftauchen, und dem Erarbeiten einer Technik, einer Methodik, zunehmendes Vertrauen, bis mit der wachsenden Intuition dies alles wieder schwinden kann. Eine höhere Kraft wird nun durch uns arbeiten, die uns Techniken sparsam und behutsam benutzen läßt, stets im rechten Moment und den Menschen in beiden Reichen sehend. Ansonsten wird es eben *Präsenz* sein, die das Arbeiten gelingen läßt.

Die Arbeit mit Affirmationen

Affirmieren bedeutet festmachen. Da alles letzten Endes aus Energie besteht, können wir wählen, was wir mit den Energie-Befestigern, unseren Gedanken, affirmieren wollen. Wir können etwas festmachen, das uns guttut und stärkt, oder wir können statt dessen Negatives wählen, das uns schwächt.

Unsere Gedanken sind wie Gebete, die selbstverständlich auch Unangenehmes anziehen. Wenn wir fortwährend an unsere Angst vor etwas denken, darüber reden und schreiben, wird diese Angst genährt, um schließlich unser Leben zu beeinflussen. Es genügt jedoch vollauf, die Angst zu bemerken, sie quasi anzuerkennen. Daraufhin kann sie umgepolt werden.

Zum Umgang mit Affirmationen lernte ich während meiner Ausbildung: Aus Fehlern kannst du nicht lernen, du mußt den Fehler verlassen. Die Gründe für Fehler sind unwichtig. Du kannst sie bestenfalls gut oder schlecht finden, inzwischen aber bist du bei all dieser Bewerterei tot vor Schmerz. Der andere, der den Pfeil abgeschossen und dich verletzt hat, wird und kann dir nicht helfen. So hilf dir selbst – mit Umdenken.

Es gibt viele Arten, mit Affirmationen zu arbeiten. Generell sind sie ein probates Mittel, die Mechanismen zwischen Denken und Fühlen verstehen zu lernen, um dann die Auswirkung unbewußter Denkmuster auf unser tägliches Leben in für uns und unsere Umwelt verträglichere Bahnen umzulenken. Meine ersten Affirmationsversuche bewegten sich mehr auf materieller Ebene: endlich Ordnung in Schubladen und Schränken, eine neue Wohnung, mehr Geld. Als ich damit vertraut war, gab es eine etwas andere Ebene: gute Beziehungen, mehr Liebe für mich und andere, mehr Klarheit und Bewußtheit.

Wie ein Kind, das ein neues Spielzeug bekommen hat, übte ich anfangs, mir mit Hilfe von Affirmationen Wünsche zu erfüllen und machte gute Erfahrungen damit. Doch irgendwann merkte ich, daß ich mir damit Dinge in mein Leben holen konnte, die ich mir zwar sehnlichst wünschte, die aber einen Umweg auf meinem Lebensweg darstellten, da sie mich im Grunde nicht förderten.

So hatte ich mir beispielsweise wochenlang intensiv einen Geliebten (was denn sonst?) affirmiert, einen Bilderbuchmann. Ich hatte alle meine Kraft darauf verwendet und alles, was ich bisher gelernt hatte, aufgeboten. Als er dann »ankam«, war ich nach einer kurzen Zeit ekstatischer Freude enttäuscht. Hatte ich das wirklich gewollt, was mir da zugefallen war? Ich überprüfte noch einmal meine diesbezüglichen Affirmationen, und tatsächlich: Es war alles eingetroffen. Aber warum war es dann trotzdem so langweilig und anstrengend? Damals stieß ich auf etwas, das ich erst später verstand und in Worte fassen konnte. Das Erfüllen von Wünschen, die von der Ebene ausgehen, auf der wir uns gerade befinden, muß notgedrungen immer einen Fehler enthalten, weil wir auf dieser Ebene nicht weit genug sehen können. So wünschen wir uns in der Regel Dinge, die unsere irdische Person gerne besitzen möchte. Dabei passiert, daß Bequemlichkeit, Unwissen, Angst und anderes Schädliche letzten Endes unterstützt werden.

Nach dem etwas fanatischen Herumexperimentieren mit Affirmationen war es für mich bereits ein großer Schritt, beim Formulieren von Affirmationen Mutter–Vater–Gott anzurufen und die Formel »... oder etwas Besseres« zu gebrauchen, die alles in einen größeren Zusammenhang bringt, indem sie zu nächsthöheren Dimensionen eine Brücke schlägt. Ich hängte sie an alle meine Wunsch-Affirmationen an und war damit bereit, mehr Verantwortung zu übernehmen. Denn schließlich konnte statt der Wünsche wirklich etwas »Besseres« kommen, was nicht immer auch heißen mußte, daß es etwas momentan von mir als angenehm Empfundenes war. Damit installierte sich ganz langsam eine Art Vertrauen in etwas Größeres als das menschliche Wollen. Die mir in der Rebirthing-Ausbildung vor allem nahegebrachte psychologische Ebene wandelte sich allmählich in eine mehr seelische um.

Wie man an seine Affirmationen kommt

Es gibt einige nützliche Übungen, um seine »Affis«, die für die nächsten Lernschritte wichtig sind, herauszufinden und klar zu formulieren. Eine der beliebtesten ist die Frage nach der eigenen größten Schwäche. Die Umpolung ergibt dann eine Hauptaffirmation, die – auf Kärtchen geschrieben – für einige Zeit auf alle gut sichtbaren Plätze in der Wohnung verteilt werden sollte. So erlaubt zum Beispiel das *Schwäche-Stärke-Spiel* Einblicke in unbewußte Verteidigungsstrategien, die uns blockieren.

Schwäche-Stärke-Spiel
Schritt 1
Meine größte Schwäche ist...
(zum Beispiel, daß ich nicht nein sagen kann).
Schritt 2
Ich behindere meine Entwicklung, indem...
(ich nicht auf meine Grenzen achte). Das heißt:
Schritt 3
Ich möchte nicht...
(auf meine Grenzen achten).
Schritt 4
Was springt als Gewinn dabei für mich heraus?
...
(Ich werde gemocht, kann mich gut einfühlen, ecke nirgendwo an, vermeide dadurch aber auch notwendige Konfrontationen: Ich gebe also Verantwortung ab.)
Schritt 5 – Die Umpolung
(Für unser Beispiel lautet sie:) Ich achte mich und damit meine Mitmenschen, indem ich für mich selbst einstehe. Ich übernehme Verantwortung und gebe sie weder an andere ab, noch erhoffe ich, daß andere sie für mich tragen. Ich respektiere meine eigenen Grenzen.

Mit den aus der Umpolung gewonnenen Affirmationen wird man einige Wochen oder Monate arbeiten, wie später unter »Praktische Tips« beschrieben, damit sie langsam ins Unterbewußtsein sinken, dort die alte Verhaltensschiene aufweichen und schließlich als neue Prägung herrschen.

Eine sehr ähnliche Übung geht folgendermaßen:

Wunsch-Spiel
Zwei Partner sitzen einander gegenüber. Der eine erzählt alles, was er gerne sein möchte, was er noch nicht genug ist oder wovon er noch nicht genug hat. Es ist wichtig, sich hier zum Beispiel nicht so sehr auf das Mangelthema Geld zu konzentrieren, sondern konkret die Dinge zu nennen, die man sich gern kaufen würde. Der andere hört nur zu.

Beide finden dann den Tenor des Gesagten heraus, wobei der Zuhörende von großem Nutzen ist, denn er hat den größeren inneren Abstand. Nach einigem Probieren und Formulieren finden beide einen Satz, der dem Grundgehalt des Gesagten am besten entspricht. Dann folgt die Begründung.

Zum Beispiel: Ich möchte noch besser mit Menschen umgehen lernen, weil...

Als nächster und letzter Schritt ergibt sich aus dem Umkehren des Grundes, der Begründung, die gegenwärtig wichtige Affirmation.

Affirmationen können, wie soeben beschrieben, auf eine eher spielerische Weise herausgearbeitet werden. In einem Zustand der Meditation oder Stille vermögen wir sie auch vom eigenen höheren Selbst zu empfangen. Eine weitere Möglichkeit besteht darin, bestimmte erprobte Affirmationen zu übernehmen und/oder sie, geleitet von der eigenen Intuition, nach der individuellen Problemstellung umzuformulieren. Ein umfassender Katalog von Affirmationen ist in dem Kapitel »Affirmationen für besondere Situationen« zu finden. Doch zunächst wollen wir genauer untersuchen, wie wir mit Hilfe von Affirmationen unser Denken und damit unser Leben in jeder Beziehung reicher machen können.

Die Stufen ganzheitlicher Entwicklung

Die Gedanken sind frei, heißt es in dem alten Volkslied. Sie sind nicht nur frei von uns wählbar, vielmehr stellen sie auch eine ganz besondere Kraft dar, denn sie verbinden uns mit der hochintensiven kosmischen Energie, der letztlich nichts unmöglich ist und widerstehen kann. Es lohnt sich also, auf die Art unserer Gedanken achtzugeben, die Gesetze zu kennen, nach denen sie sich vollziehen und wirken, und dementsprechend das Denken sehr bewußt zu formen.

Die Mittel, mit deren Hilfe es uns gelingen kann, den Verstand zu angstfreier Ruhe zu stimmen, sind die Instrumente Intuition, höheres Denken, Meditation, sich auf das höchste Selbst, auf das göttliche Bewußtsein einstimmen, in die Stille gehen, kreatives Denken, Gebet, Affirmation ... Wie immer die zahlreichen Umschreibungen für diese uns innewohnende, mit dem kosmischen Numinosen verbundene Denk- und Fühlkraft lauten mögen: Bediene sich jeder des Namens, der ihn berührt. Die Aufmerksamkeit ist dabei weg vom Problem*haben* auf das Problem*lösen* gerichtet. Später geht es einfach um liebevolles Wahrnehmen all dessen, was geschieht, da sich irgendwann keine Probleme im eigentlichen Sinne mehr zeigen.

Warum haben wir es manchmal anscheinend so schwer im Leben? Was soll dieses Leiden? Solche Fragen kommen uns weniger in guten Lebensphasen in den Sinn, in denen alles einigermaßen glatt verläuft, sondern dann, wenn es zu hapern beginnt. Wenn etwas nicht so ist, wie wir uns das in unserem jeweiligen begrenzten Bewußtsein vorgestellt haben. Das kennt wohl jeder Mensch sehr gut. Dieses Hapern bezieht sich anscheinend auf ganz bestimmte Punkte in unserer Lebenstreppe, nämlich auf die Momente, während derer wir von einer Reifestufe auf die nächste, höhere hinaufschreiten. Dabei geraten wir leicht einmal aus dem Gleichgewicht, drohen zu stolpern oder gar eine oder mehrere Stufen tiefer zu rutschen und greifen instinktiv nach einem Geländer. Liebend gern wollten wohl die meisten von uns auf ein und derselben Stufe endlos stehenbleiben, und zwar mit beiden Beinen, um uns dann zu wundern, warum es in unserem Leben so schwierig oder so sterbenslangweilig zugeht. Während dieses Hochsteigens findet ein Trittwechsel statt. Wir stehen für einige Zeit nur auf einem Bein, und wir hängen plötzlich scheinbar in der Luft. Das ist genau der Moment, wo das eine Bein zur neuen, noch unbekannten Stufe hinauftastet und noch nicht ganz angelangt ist, währenddessen das andere Bein auf der vertrauten unteren, alten Stufe bereits fast losgelassen hat. Auf diesen winzigen Augenblick freien Schwebens kommt es an. Er ist das Maß des Vertrauens, in dem geprüft wird, ob wir das, was für diesen Übergang zur nächsten Stufe nötig ist, gelernt haben. Obwohl die Prüfung für verschiedene Stufen ganz unterschiedlichen Charakter haben kann, ist es im Grunde immer dieses Vertrauen, der intuitive Glaube an das Höhere in uns, das Wissen um unsere göttliche Kraft, das Sich-Einbeziehen auf einen umfassenderen, wenn auch noch nicht vollbewußten Sinn, die gefragt sind und jeweils im anderen Gewand auftreten, je nach Schwingungsstufe eben.

Es ist natürlich zu straucheln, wenn wir auf einem Bein stehen. Wir sollten darauf gefaßt sein und uns dafür verzeihen, dann kann es uns schon nicht mehr soviel anhaben. Wir können uns auch beizeiten orientieren, wo das Geländer ist, dann geht es für eine Weile ganz gut auch auf einem Bein, bis wir irgendwann mit beiden Beinen auf der neuen Stufe stehen und uns für den nächsten Schritt bereitmachen.

Mit dem Geländer des Wissens vom Wirken unserer höheren Denkkraft kann das Treppensteigen dann schon rascher gehen. Schließlich vermögen wir auf diesen Halt sogar zu verzichten, der Trittwechsel wird schneller, sozusagen fliegend. Es genügt uns zu wissen: Da ist für alle Fälle ein Halt. Irgendwann wird es möglich sein, mit Freude und Leichtigkeit zu lernen statt mit der üblichen Beschwernis.

Es kommt also beim gekonnten, versierten Treppensteigen vor allem auf die Trittwechselphasen an. Bei diesen Veränderungen, Umformungen, in denen Altes transzendiert und in Neues transformiert wird, brauchen wir zusätzlichen (Bei-)Stand. Es lohnt sich daher, die entscheidenden Phasen zu untersuchen, damit wir sie erkennen und die Angst verlieren können.

Wie geht Bewußtseinsänderung vor sich? Gibt es hier irgendwelche Gesetzmäßigkeiten oder Reihenfolgen?

Meiner bisherigen Erfahrung nach können wir uns den Prozeß im wesentlichen in vier Hauptformen vorstellen, wobei wir auf jedem Abschnitt kurz oder Jahre oder auch ganze Leben verweilen können, Rückfälle normal sind, sich verschiedene Zyklen ineinanderschieben, jedoch eines glasklar sich abzuzeichnen beginnt: Wir wachsen, je weiter wir reifen, über rein persönliche Entwicklung hinaus mehr kollektiven Auseinandersetzungen zu. Das ist bedingt durch ein bestimmtes Zusammenwirken von höherer Intelligenz und Liebe, von Kopf- *und* Herzenergien. Diese neue Mischung von Energie entsteht beim Prozeß des Loslassens alter, zu eng gewordener Vorstellungen und Lebensformen. Sie befähigt uns zu mehr Wahrnehmen, Verstehen und schließlich zum Leben eines umfassenderen höheren Paradigmas, zuerst einzeln, dann als kleinere Gruppen, bis im kollektiven Bewußtsein etwas umschlägt und sich global eine neue Sicht und damit auch eine neue Handlungsweise durchsetzt.

Inwiefern kann uns kreatives Denken eine Hilfe bei diesem immerfort sich bis in kleinste, gegeneinander verschobene Unterabschnitte teilenden Prozeß sein? Kreatives Denken wirkt nicht nur hilfreich, sondern es *ist* gewissermaßen der Prozeß. Ohne dieses schrittweise Umstrukturieren unseres gewöhnlichen, normalen, alltäglichen Denkens auf ein mehr vernetztes, intuitives Denken gelangen wir niemals auf den nächsten grünen Zweig unserer Entfaltung. Die Frage ist stets, wie wir das möglichst sinnvoll unterstützen können, statt unnötig zu leiden oder andere leiden zu lassen.

Zur besseren Übersicht folgt nun eine schematische Darstellung über den Ablauf solcher Trittwechsel. Ich fasse sie als die vier möglichen Formen der Veränderung zusammen (Tabelle Seite 90/ 91). Die damit verbundenen Denkveränderungen ordne ich sieben Gruppen kreativen Denkens zu, die später – zusammen mit den jeweiligen Affirmationen – in dem Kapitel »Die Umpolung der Gedanken« ausführlich besprochen werden.

Ganz generell gilt für den Veränderungsabschnitt I dieses Schemas die Gruppe des kreativen Denkens *1: Entspannen,* sofern der vom Schicksal erstmalig Geschlagene überhaupt Hilfe anzunehmen gewillt ist. In dieser Phase wollen wir das Verlorene meist mit aller Kraft wieder zurückhaben und können demzufolge bei dieser Haltung lange stehenbleiben. Leiden ist die Folge oder Verbitterung. Gewitztere und bereits Erfahrenere versuchen die Lektion schneller zu verstehen und tun sich leichter mit Abschnitt II, den sie durch Gruppe *2: Anerkennen, 3: Reinigen, 4: Stille* und *5: Ziele formulieren* tatkräftig und rasch zu durchstehen hoffen. Auch Gruppe *6: Schutz* ist manchmal in regem Gebrauch, um Einbrüchen des niederen Astralen (traumatische Erscheinungen, angezogen aus dem kollektiven Unbewußten oder aus dem eigenen Reservoir, Besessenheiten aller Art, Zwangsvorstellungen, Denkautomatismen, mentale Besessenheit und ähnliches) vorzubeugen, die bei ersten, fahrlässigen oder fahrlässig angeleiteten Bemühungen um eine höhere Wahrheit auftreten können.

Abschnitt II ist von Lernen geprägt. Es geht auch um Reinigen, Klären und Herausfinden von Lösungen. Dieses Lernen kann sich mit wiederholtem Aufgebenwollen abwechseln. Es ist gut, sich in dieser Phase des ständig vor sich gehenden Lernens und Klärens durch vertiefende Seminare, Lektüre und Körperarbeit zu unterstützen. Massage ist beispielsweise eine ebenso nützliche wie angenehme Art, den durch den steten Bewußtwerdungsprozeß auch im Körper sich ergebenden Veränderungen gerecht zu werden. Nach meiner Erfahrung genügt es nicht, etwas nur zu verstehen. Neben dem Lernen und dem späteren ins Leben bringenden Handeln müssen die alten Muster auch aus dem Körperbewußtsein entfernt werden. Wir haben alles je Erfahrene bis in die Atome jeder Zelle gespeichert.

Abschnitt III ist oftmals mit so reger Tätigkeit angefüllt, daß lange Strecken hindurch selbst für geistige Übungen wenig Zeit bleibt. Das ist in Ordnung, handelt es sich doch hier um die praktische Erprobung des eben Gelernten und Erlebten. Es genügen *1: Entspannungsübungen* (körperlich und geistig) als kurze Meditation und bei Bedarf immer mal wieder Gruppe *3: Läuterung*. Bei Abschnitt III ist es oft auch der Lehrer, falls wir bei einem gelernt haben, der uns dann von sich weist, damit sich das Gelernte in uns

Vier mögliche Formen der Veränderung

... vorherige Entwicklungsspirale ...

Gruppe des kreativen Denkens	Veränderungsabschnitt	Erscheinungsform	Kurzcharakteristik	Symbol
1, 6	I	»*Schicksalsschlag*«: schleichend einsetzende Unzufriedenheit, Langeweile, Streß, Krankheit, Depression.	Zerschlagen alter, erstarrter Lebensformen.	»Holzhacken«*
		Lamentieren, Empörung, Leiden: Festhalten, Angst, »Felle schwimmen weg«, Wegschauen. Chaos innen und außen.	Haften an den zerschlagenen, doch vertrauten Teilen.	
2, 3, 4, 5 (6)	II	Angstvoll in die Dunkelheit starren, Teilerwachen (kurzes, visionäres Erblicken der Wahrheit), theoretisches Erkennen; es wagen, hinzuschauen; *lernen (wollen).*	Weiteres Haften, doch Gespür für die umgebende Dunkelheit bekommen. Teilweise illusionäre Sicht des Neuen.	

---

* Dieses »Holzhacken« bezieht sich auf die berühmte Zen-Geschichte, wonach der Besucher eines Zen-Refugiums vom Vorsteher erfährt, daß es im Kloster einen Erleuchteten gebe. Er habe jahrelang für die Küche das Holz geschlagen.
»Und, was tut er jetzt?« fragt der Besucher. »Nun, er hackt Holz«, ist die lapidare Antwort.

Gruppe des kreativen Denkens	Veränderungsabschnitt	Erscheinungsform	Kurzcharakteristik	Symbol

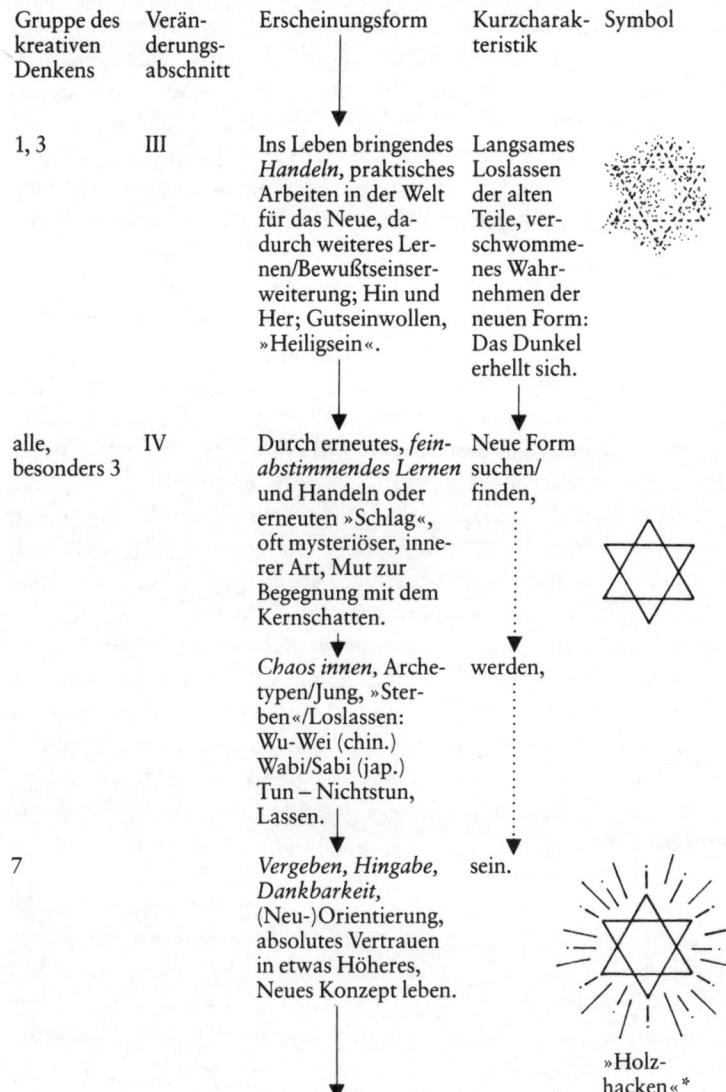

1, 3	III	Ins Leben bringendes *Handeln,* praktisches Arbeiten in der Welt für das Neue, dadurch weiteres Lernen/Bewußtseinserweiterung; Hin und Her; Gutseinwollen, »Heiligsein«.	Langsames Loslassen der alten Teile, verschwommenes Wahrnehmen der neuen Form: Das Dunkel erhellt sich.	
alle, besonders 3	IV	Durch erneutes, *feinabstimmendes Lernen* und Handeln oder erneuten »Schlag«, oft mysteriöser, innerer Art, Mut zur Begegnung mit dem Kernschatten.	Neue Form suchen/finden,	
		Chaos innen, Archetypen/Jung, »Sterben«/Loslassen: Wu-Wei (chin.) Wabi/Sabi (jap.) Tun – Nichtstun, Lassen.	werden,	
7		*Vergeben, Hingabe, Dankbarkeit,* (Neu-)Orientierung, absolutes Vertrauen in etwas Höheres, Neues Konzept leben.	sein.	»Holzhacken«*

...nächsthöhere, nachfolgende Entwicklungsspirale...

und der Welt erproben kann. Ebenso häufig kommt es nun vor, daß wir uns mit dieser Lehrerpersönlichkeit verkrachen, sich irgendwelche scheinbaren, äußerlichen Trübungen unseres Verhältnisses anzubahnen beginnen, so daß wir freiwillig gehen. Auf jeden Fall wird das »Schicksal« auf seinen verschlungenen Wegen dafür sorgen, daß wir nicht ewig am Rockzipfel eines Lehrers hängenbleiben, sondern auf dem Weg der Selbständigkeit und Selbstverantwortung voranschreiten.

Abschnitt IV unterteilt sich scheinbar stets aufs neue in diese vier Phasen, wobei sich der Moment des wirklichen Tritt- oder Paradigmenwechsels ständig näher heranschiebt. Diese vierte Etappe scheint sich manchmal wie ein neuer Abschnitt I anzubahnen, mit dem Unterschied, daß einerseits alles weniger greifbar ist und man es andererseits doch bereits kennt. Gespräche mit Mitbetroffenen, das Studium der Schriften von C. G. Jung und von alten Mythen scheinen mir neben wiederholten, doch sehr kurzen Meditationen Hilfe zu bringen. Es können enorm energetisierte Zustände mit Gefühlen der Apathie abwechseln. Bei manchen verläuft dieser Prozeß zwar etwas weniger stürmisch, doch muß wohl eine Art gordischer Knoten platzen. Gefühle von Ich-weiß-nichts trotz eifrigem lebenslangen Lernen, verbunden mit Einsamkeitsgefühlen und/oder Sich-Zurückziehen und allerlei mysteriöse körperliche Beschwerden können sich einstellen. Das Beste scheinen Ruhe und Geduld mit sich selbst nebst einer nur mäßigen Meditationspraxis zu sein und die vorsichtige, sorgfältige Pflege der wichtigsten Beziehungen. Entscheidend ist, den scheinbar sich verstärkenden Beschwernissen keinerlei Energie zu geben. Hier kommen abwechselnd je nach Kraft und Lage alle mentalen Übungen wieder zu Ehren. Es geht um Integration alles bisher Gelernten, auch auf einer gewissen kollektiven Stufe. Wir können in verschiedene archetypische Fallgruben stürzen. Was die Weisheit der Alten in ihren Mythen hierzu ausdrückte, dazu nimmt die moderne Astrologie im Stand der transsaturnischen, äußeren Planeten Stellung. Es geht erneut auf einer subtilen Ebene um Macht. Auch Geld und Sex können eventuell angesprochen sein. Die schwierige Kunst der unterscheidenden Weisheit ist stark gefragt. Gloria Karpinsky sagt, daß wir alle viel lieber Gottes Liebe leben wollen, als seine Macht zu verkörpern. Gitta Mallasz' Engel drückte es so aus: »Der Mensch, den es noch nicht gibt, ist sogar größer als wir.« Zumindest sind wir wohl gerade dabei, ein wenig zu lernen, uns den unsichtbaren Engelwelten als ebenbürtig zu empfinden.

Ich möchte für Abschnitt IV keine Vorschläge unterbreiten. Aus Unsicherheit und auch, weil hier anscheinend die verschiedensten Dinge angesprochen sind: das, was wir am meisten verstecken wollen. Es kommt darauf an, welcher Art die Lektionen der vorherigen Stufen waren. Es handelt sich um hartnäckige Restbestände unserer irrigen Hauptvorstellungen über die Welt. Integrität gilt es zu leben, nicht nur zu beteuern. Auf jeden Fall ist das »Machen« stark angesprochen, und das Uns-selbst-sein-Lassen. Auch hier wieder ist weniger mehr. Wir lernen, daß wir auch – oder gerade – wirken, wenn wir in Stille sind. Die Veränderung hat uns geprägt, wir sind anders geworden, mehr wir selbst, und wir können dem vertrauen. Da gegenwärtig viele Menschen diesen Abschnitt ihrer Entwicklung begehen, werden wir künftig immer mehr über ihn erfahren, und so werden uns die rätselhaften alten Weisheitsbücher verständlicher werden. Oder beinhaltet das neue Paradigma auch, daß wir ihrer nicht mehr bedürfen, weil wir uns mit der Erde auf völlig neue Archetypen zubewegen?

Wie auch immer: Wir brauchen für die nächste Entwicklungsspirale eine Neuorientierung, und hier werden uns vielleicht nur konsequentes Vergeben, Hingabe und Dankbarkeit, die Gaben der Göttin, der rezeptiven Kraft des göttlichen höchsten Bewußtseins, helfen.

Die Umpolung der Gedanken

Über die Jahre hinweg sind mir immer wieder in alten uund neuen Weisheitslehren, bei Lehrern und Schülern, in Meditationen, Träumen, Visionen und während der von mir gegebenen therapeutischen Behandlungen nützliche Denkanweisungen begegnet, die ich im folgenden für den Einstieg in die Arbeit mit Affirmationen nach

Themen gesammelt habe. Bei einigen der hier zusammengetragenen Affirmationen habe ich in Klammern die Quelle angegeben. Vor allem die Bücher von Catherine Ponder (P), Sanaya Roman (R) und Baird Spalding (S) haben meine Arbeit mit Affirmationen sehr stimuliert und beeinflußt. Entscheidende Anstöße kamen auch von dem »kosmischen Psychologen« Vyvamus (V).

Jeder, der aus alten, beengenden Denkschemata aussteigen möchte, kann aus dem angebotenen Katalog verschiedene Affirmationen auswählen und sie so umformulieren, daß sie auf seine individuelle Situation zugeschnitten sind, oder er wird sich ganz einfach nur inspirieren lassen. Diese Begleitsätze ändern sich jeweils mit den Stufen unserer Veränderung. Es ist aber auch nicht verwunderlich, wenn wir manchmal in fortgeschrittenen Stadien (Abschnitt IV) wieder auf Affirmationen zurückgreifen, die uns bereits früher, am Anfang unserer Reise, weitergeholfen, besänftigt und ermutigt haben.

Die Affirmationen sind jeweils in eine Art erläuternde Einstimmung eingebettet, da ich die Erfahrung machte, daß mir das Lesen allein bereits eine Hilfe bietet und mich aus den Tiefs herauszuholen vermag, die manche Schritte einfach mit sich bringen. Außerdem bin ich nach diesem Einlesen viel aufnahmebereiter für die eigentlichen Kernsätze.

Voranstellen möchte ich einige »Evergreens«, die mich über all die Jahre begleitet haben und deren wiederholte Betrachtung stets segensreich war.

Allgemeine Affirmationen

Denken wir einfach einmal anders als bisher, und es wird sich unser Leben ändern. Richten wir unsere Wahrnehmung vom Unerwünschten, Unangenehmen, Hindernden weg auf das Schöne, Gute, Nützliche, Angenehme. Damit soll der Verdrängung nun nicht Tür und Tor geöffnet werden. Wir erkennen einfach an, was ist. Doch ist das lediglich der erste Schritt, bei dem viele Leute dann hängenbleiben: Widerstand. Wie gehen wir mit Widerstand am besten um? Indem wir ihn wahrnehmen, anerkennen, und uns dann nach Lösungsmöglichkeiten umsehen! Erster Lösungsschritt ist dabei *immer* die entsprechende Ausrichtung der Gedanken, die stets mit intuitivem *Fühlen* verbunden werden soll. Bereits dieser erste Schritt, die Stärkung des Denkens, ändert uns.

Es ist von Vorteil, wenn sich die Menschen und Aktivitäten in unserer Umgebung manchmal ändern. Das betrifft eins der schwierigsten Kapitel beim Wachsen, nämlich das Loslassen. Was in einer bestimmten Zeit richtig war, gilt nun nicht mehr, weil etwas Neues, Größeres, Wahreres versucht, sich zu enthüllen. Wir entwachsen dem, was bisher war. Das Geringere muß erst aufgegeben werden, um Luft zu schaffen für das kommende Neue:

▷ Wenn irgend etwas aus deinem Leben verschwinden will, so bedeutet das *immer* Platz für etwas Besseres, das bereits unterwegs ist zu dir.

Lernen wir also im richtigen Moment nein zu sagen. Verzetteln wir uns nicht, und verschwenden wir nicht Zeit und Gedanken an unnötige Leute und Dinge:

▷ Ich weise alle unnötigen Aktivitäten, Menschen und Dinge in meinem Leben ab.
▷ Ich konzentriere mich auf Gebet und Meditation, ohne hinterher meine Kräfte in endloser Rederei oder Aktivität mit überflüssigen Leuten zu zersplittern.
▷ Ich halte jederzeit innere Disziplin.
▷ Göttliche Ordnung, jetzt!
▷ Durch die Macht des inneren Lichts herrscht nun göttliche Ordnung.

Bemühen wir uns während und nach der Meditation und überhaupt stets im Leben um innere und äußere Ordnung. Äußere Klarheit beugt Konflikten vor oder spielt sie nicht so hoch und bewirkt innere Klarheit wie auch umgekehrt:

▷ Ich halte meine Umgebung und meine Beziehungen stets sauber und klar.

▷ Ich denke nicht an die morgigen Sorgen und höre auf, mich mit Gedanken an Vergangenheit und Zukunft zu plagen.

▷ Ich halte meine innere Achtsamkeit stets auf den allernächsten Schritt gerichtet.

▷ Jetzt ist die Zeit göttlicher Erfüllung!

▷ Es ist vollendet, offenbart sich jetzt!

▷ Dein Wille geschehe, Mutter–Vater–Gott!

▷ Dies oder etwas Besseres, göttliches Bewußtsein!

▷ So soll es sein!

▷ Und so ist es geschehen!

Die letztgenannten affirmativen Bekräftigungen (siehe auch weiter hinten zu der Wirkung von Mantras) bestätigen durch ihre sehr wirkungsvolle Schwingung unsere Denkübung und verhindern, daß unser Ego »falsche« Formeln durchdrückt.

Anderen gute Gedanken zu schicken, besonders »Feinden«, für sie affirmativ zu beten, bewirkt Antworten der Existenz auch für uns selbst.

Seien wir beim Affirmieren oder Beten entspannt und schöpferisch. Leicht soll es geschehen, nicht klagend. Kämpfen wir gegen nichts an, werten wir nicht, lassen wir alle Widerstände los, indem wir sie Mutter –Vater–Gott übergeben samt allen Problemen und Sorgen. Lassen wir die höchste Ebene für uns sorgen, tun, wirken. Sie kann das viel besser, da sie die Übersicht hat:

▷ Statt mich anzuklammern, verbinde ich mich mit den höheren Kräften, dem Göttlichen, der Quelle von allem, was ist, dem höchsten Bewußtsein, Mutter–Vater–Gott, dem Numinosen.

Der Weg zum kreativen Denken: Affirmationsarbeit in sieben Schritten

Jedes Gebet, jede schöpferische Atempause und Affirmationsarbeit sollte zweckmäßigerweise strukturiert werden, das heißt, sie sollte in einer sinnvollen Reihenfolge vor sich gehen (siehe Tabelle).

Die sieben Gruppen kreativen Denkens

Gruppe 1
Entspannen, Leeren, Verabschieden: immer zu Beginn als Einstimmung.

Gruppe 2
Anerkennen, Bejahen, Bestätigen: als weitere Einstimmung, auch als einzelne Übung oder Einschub.

Gruppe 3
Reinigen, Lösen, Läutern, Klären, als weitere Einstimmung; kann zum
Abschneiden, Befreien, Vergeben, Hauptteil werden, wenn ausführlich
Trennen: anstelle von Gruppe 5 geübt.

Gruppe 4
Konzentration erreichen, Stille: Gebrauchsanweisungen für den Hauptteil.

Gruppe 5
Ziele formulieren: Hauptteil (was wir kreieren wollen).

Gruppe 6
Schutz: immer am Schluß oder auch als einzelne Übung.

Gruppe 7
Danken: als Abschluß oder auch als einzelne Übung.

Mit dem Denken verändert sich immer auch das Fühlen, die Stimmung, das Atmosphärische, derer wir uns durch eine entsprechende Ordnung in unserem Vorgehen ebenfalls kreativ bedienen können.

Jede Übung des schöpferischen Denkens setzt Entspanntsein voraus, woran sich das Leeren und Reinigen samt dem Anerkennen dessen, was ist (Gruppen 1, 2, 3), anschließen sollte. Das alles sind Vorbereitungsphasen, die beim eigentlichen affirmativen Arbeiten nur wenige Minuten in Anspruch nehmen oder auch Inhalt einer ganzen Übung zum genauen, angemessenen Denken werden können. Reinigungs- und Konzentrationsübungen sind ein notwendiger Bestandteil geistiger Arbeit. An diese Vorphasen kann sich dann die Arbeit mit den Hauptgruppen 4 und 5, dem Stillwerden und den

Affirmationen zu unseren Zielen, geistigen wie weltlichen, anschließen. Eine Denkübung sollte *immer* mit der Bitte um Schutz und mit einer schöpferischen Ruhe, in der wir unseren Dank ausdrücken, abgeschlossen werden. Dankbarkeit stellt überhaupt die wichtigste Energie bei dem ganzen Vorgang dar, ohne den sich das, was wir gedacht beziehungsweise ausgesprochen haben, nicht ins Materielle in Bewegung setzen, das heißt nicht realisieren kann.

Weitere Hauptteile anstelle der Gruppen 4 und 5 könnten – außer Gruppe 3 – je nach Situation und Bedarf die Themenbereiche sein, die anschließend an die Gruppen 1 bis 7 noch ausführlich besprochen werden (»Affirmation für besondere Situationen« S. 122).

1. Entspannen, Leeren, Verabschieden

Die Entspannung von Körper und Geist ist Voraussetzung für allen Erfolg, bei weltlicher Bemühung genauso wie bei geistiger. Sie ermöglicht erst die konzentrative Sammlung, die unsere Energie wie einen Laserstrahl bündelt und aufgrund dieser Schärfe dann wirksam werden läßt. Für das physische Entspannen sind im ersten Kapitel vier Übungen angegeben. Geistiges Entspannen meint Luft bekommen, Raum machen, lösen, von einer bestimmten Situation und Lebenslage einmal absehen.

Bitten wir alles, was sich an Problemen und sonstigem Belastenden im Moment in unserem Leben manifestiert hat, zu uns heran, werfen wir einen ruhigen Blick auf alles, und bitten wir dann, daß das vorerst auf einem geistigen Abstellgleis ein wenig warten möge, um uns jetzt Gelegenheit zur Besinnung zu geben, ehe wir uns jedem Punkt angemessen widmen werden. Schieben wir erst einmal alles beiseite, nicht unwirsch, sondern liebevoll. Stellen wir uns das ebenfalls in einem passenden Bild vor, dessen wir uns dann immer wieder bedienen können und das damit durch seine Signalwirkung auf das Unterbewußtsein unsere Arbeit erleichtern wird. Entspannen ist lösen, von einer Situation loslassen. Das ist der erste Schritt bei jeder Meditation und Affirmation, bei jedem Gebet, bei allem schöpferischen Denken. Es ist bewußtes und konzentratives Stillstein in Geist *und* auch im Körper, dem Tempel der Seele. Richten wir unsere Aufmerksamkeit der Reihe nach auf

▷ Körper,
▷ Gefühle,
▷ Gedanken.

Folgen wir ruhig unserem Atem, lassen ihn sich beruhigen, und wir denken »Frieden«. Tun wir das eine Weile. Das folgende ist zum einstimmenden Lesen, das uns in Aufnahmebereitschaft versetzen soll. Wählen wir das aus, was uns jeweils besonders anspricht. Beginnen wir jedes Affirmieren immer mit der Entspannungsstufe:

▷ Ich rede mit meinem Körper und mit meinen Gefühlen liebevoll und achte auf einen tiefen und gleichmäßigen Atemrhythmus.
▷ Ich lasse Geist, Seele und Körper Zeit, sich zu beruhigen und einander näherzukommen.

Tauchen Störungen auf, von innen oder außen, so begegnen wir ihnen friedvoll, ohne Erregung. Wir tun alles gelassen, damit uns die Hast nicht in Fehler stürzt. Selbst das Vergeben wie auch die Reue sollen undramatisch vonstatten gehen. Hüten wir uns bei unseren meditativen Übungen vor dem Dahindösen und Wegdämmern. Üben wir diszipliniert jeden Tag, doch lieber kurz, tief und leichten Sinnes als lange, dösig und verkrampft:

▷ Ich bin jetzt entspannt und lasse los.
▷ Ich bin ganz frei, ohne Druck, ohne Anstrengung, ohne Verkrampfung, locker.
▷ Ich bin jetzt ganz still.
▷ Meine Gedanken und Gefühle sind ruhig.
▷ Frieden erfüllt meinen Körper und meinen Geist.
▷ Ich bin frei von Sorgen, Spannungen, Streß und Druck.
▷ Ich bin ganz leicht, durchlässig, porös, und meine Beine sind angenehm lebendig, warm und tief verwurzelt mit der Erde.
▷ Die universalen Kräfte geben mir für alle meine Belange neue Energie, Inspiration und neuen Auftrieb.
▷ Ich schalte mich in den kosmischen universellen magnetischen Strom ein. (P)

▷ Ich atme tief und ruhig.

▷ Ich bin jetzt vollkommen entspannt, lasse los, übergebe mich dem Göttlichen.

▷ Ich befreie mich jetzt von allem, was mein entspanntes Offensein für angstfreie Änderung und kreative Lösungen behindert.

▷ Ich leere mich von allem Üblen wie auch Belastenden und vertraue mich den göttlichen universalen Kräften an.

▷ Ich lasse los, um meinem neuen Guten Platz zu schaffen.

▷ Ich verabschiede mich von allem Behindernden in mir, damit das größere Gut in mein Leben fließen kann.

▷ Die Christusenergie in mir befreit mich nun von allem Gebundensein an Ereignisse und Menschen und Orte der Vergangenheit. Ich manifestiere jetzt den richtigen Platz mit den richtigen Menschen und Situationen, wie es dem göttlichen allumfassenden Plan entspricht. (P)

▷ Ich lasse das Geringere los, damit sich die nächste Lebensstufe in mir erfüllen kann mit ihrem größeren Guten. (P)

▷ Ich bin ganz und gar leer, damit die universale göttliche Kraft von diesem Vakuum angezogen wird, um es mit Besserem aufzufüllen.

▷ Ich begrüße Leere in mir, damit etwas Neues beginnen kann.

▷ Göttliche Intelligenz zeigt mir, in welchem Lebensbereich ich Leere bilden und loslassen soll, damit mein Gutes herankommen kann. (P)

▷ Ich weiß, daß sich erst Leere bilden muß, wenn ich etwas haben will, daher lasse ich mit Dank das Alte los. (P)

▷ Ich lasse nun alles Störende los, um frei zu sein für erfolgreiches Denken, Leben, Lieben und Sein.

2. Anerkennen, Bejahen, Bestätigen

▷ In mir ist Frieden, jetzt.

▷ Ich bin Liebe.

▷ In meinem Leben ist göttliche Ordnung. Sie ist in meinem Körper und in meinem Geist, und göttliche Ordnung wird jetzt in all meinen Angelegenheiten bewirkt und aufrechterhalten. (P)

▷ Ich bin bereit und offen für das Gute, das zu mir kommen will.

▷ Göttliche Ordnung wirkt in mir. (P)
▷ Ich öffne mich jetzt für die universale Weisheit und Liebe, die mir die nächsten Schritte zeigt.
▷ Ich anerkenne den göttlichen Plan, nach dem sich mein Leben entfaltet.
▷ Ich bejahe Wunder und bin jetzt bereit, sie zu empfangen.
▷ Mir wird unmißverständlich und klar gezeigt, was die Wahrheit in meiner Situation ist. (P)

Seien wir uns der Macht des Wortes bewußt! Alles, was wir aussprechen, wirkt. Erst im Äther, im Unsichtbaren, und wenn wir es genügend oft und mit genügend Nachdruck wiederholen, fällt es in das Physische, in die Materie. Wir sagen dann, es sei Wirklichkeit geworden. Darum können wir alle kritisierende und beurteilende Energie, die wir so freigebig verteilen, viel besser für Gutes nutzen. Das befreit uns und andere von übler Wirkung.

Was wir bejahend anerkennen, wird infolge der Schwingungskraft der Worte in unserem Leben ausgelöst. Glauben wir an Krankheit und Übles, so bekommen wir sie auch.

Affirmieren heißt, mit der Macht des Wortes zu arbeiten. Um gute Resultate erzielen zu können, müssen wir uns dieser Macht bewußt sein und sie entsprechend einsetzen. Sonst bekommen wir Unerwünschtes vom stets bereiten Kosmos geliefert. Es kommt, was wir sagen. Unsere Worte sind Invokationen. Sind unsere Aussagen unklar, zwiespältig oder gar zweigleisig, hat es die entsprechende Wirkung.

Das Wort, der klingende Atem, erschafft. Lautes Affirmieren hilft, die um den Kopf herum angesammelten Schichten von unklarem Denken abzusprengen.

Sprache, Denken und Atmen sind eng miteinander verbunden. Es ist eine segensreiche Angewohnheit, mehrmals am Tag Bejahungen zu sprechen. Das sind kurze, liebevolle Worte des Angenommenseins, der Gesundheit, Verständigungsbereitschaft und Vergebung. Sie bewirken durch ihre mit der Zeit durch und durch gehende Schwingung eine Reinigung und Frequenzänderung.

Ich hatte einige Zeit unter Schlaflosigkeit zu leiden. Morgens erwachte ich oft gegen fünf Uhr. Eine Bejahung, die ich von einem geistigen Lehrer bekommen hatte, ließ mich sofort wieder einschlafen:

▷ Ich gebe mich den Zielen meiner Seele und Monade hin. (V)

Monade ist eine noch größere geistige Einheit als die Seele, sie ist eine archetypische Erscheinung, sozusagen die Seele unserer Seele. Monaden stellen Urkräfte dar, die die Differenzierung verschiedener Menschentypen zum Zweck des Erfüllens verschiedener Aufgaben und Erfahrungen zum Ziel haben. Sie stehen dem göttlichen Alles-was-Ist bereits sehr nahe. Sprechen wir mit unserer Monade! Auch das ist eine Beziehung, eine Partnerschaft hoffentlich.

Wie ich denke, so ist also meine Ausstrahlung. Wir vergessen das allzu leicht, wenn etwas nicht unserer Erwartung entspricht und wir dann bei Ärger und Enttäuschung verweilen, statt zu untersuchen, warum wir falsch »bestellt« haben, und uns auf einen qualitätsgerechteren Auftrag zu konzentrieren. Das erspart oder beendet Depressionen, dient unserer Gesundheit und hilft, das kollektive Mangelbewußtsein langsam zu reinigen. All diese Erscheinungen sind heute bereits physikalisch nachweisbar. Die bewußt angewandte Macht des Wortes wirkt positiv auch auf Tiere und Pflanzen, ja selbst auf »tote« Gegenstände.

Unsere liebevollen Schwingungen stehen noch im Raum und wirken, wenn wir schon längst etwas anderes tun. Bei steter Wiederholung bildet sich um uns eine Art Kraftkleid und im Raum ein entsprechendes Kraftfeld. Disziplin im Denken ist eine Grundbedingung für das Heilen und Geheiltwerden auch unserer Erde. Das wird wirksamer sein als alles Reden, besonders darüber, wie schlimm es um die Erde steht:

▷ Ich erkläre alles, was mir zustößt, als gut.
▷ Es gibt eine richtige Lösung für diese Situation.
▷ Es gibt nur eine Gegenwart im Universum: Mutter−Vater−Gott, das allmächtige und allgegenwärtige Gute. (P)
▷ Ich bin ein Kind des Lichts und stehe im Licht.

▷ Mutter–Vater–Gott, was ist die Wahrheit in dieser Situation? (P)
▷ Mache mir die Wahrheit so klar, daß ich sie nicht übersehen kann oder mißverstehen. (P)
▷ Mutter–Vater–Gott, was ist dein Gutes für mich, was ist die Antwort auf meine Situation?

Sprechen wir fröhlich, gelöst, vertrauensvoll und kraftvoll. Und enden wir mit einem Segen und Dank.

Bejahen wir den Glauben an unser Gutes trotz widrigen Anscheins!

3. Reinigen

Das Reinigen ist ein vertieftes Leermachen und notwendig zum Loslassen alter Lebensformeln sowie der Ängste, die mit diesem Loslassen verbunden sind. Es stellt für sich bereits eine Heilung dar, indem es von belastenden Gedanken und Gefühlen befreit.

Menschen, denen es schwerfällt, sich durchzusetzen, können ihre gesunde Abgrenzungskraft, ihre Nein-Kraft, wie Catherine Ponder sie nennt, stärken.

Wir können uns, wenn in unserem Umkreis Negatives gedacht oder gesprochen wird, von allen üblen Schwingungen abgrenzen, abwenden und von Furcht befreien, indem wir diese Kraft gebrauchen, zum Beispiel bei Schmerzen:

▷ Nein, ich anerkenne diesen Zustand nicht als Dauerzustand. Ich danke für die nun eintretende Wiederherstellung meines Körpers, mein... (erkranktes Körperteil/Organ) funktioniert in Freude und Freiheit, jetzt.
▷ Ich anerkenne meinen Körper als eine vollkommene Kreation kosmischer Kraft. Mit göttlicher Hilfe werde ich wieder gesund.
▷ Ich offenbare nun göttliche Vollkommenheit. (P)

Zum Lösen und Klären innen und außen ist es unerläßlich, Mißstände *nicht* anzuerkennen und dementsprechend zu denken. Da alles Leiden als Korrektiv wirkt, müssen wir jedoch herausfinden, warum es sich in unserem Leben manifestiert hat, und diese Lektion lernen. Deshalb ist es auch notwendig, immer wieder um Geduld und Erkennen zu bitten. Unangenehme Erlebnisse haben etwas mit unseren eigenen Gedanken zu tun. Wenn wir Befreiung von der Angst vor dem Problem affirmieren, gibt uns das einen gesunden Abstand, wodurch es möglich ist zu erkennen. Bei diesem Identifizieren der Angst hilft der Atem. Wir können nun die Kraft der Abgrenzung wirken lassen. Mit der Zeit kommen dann Ideen und Ereignisse, die das Unangenehme auflösen.

Wir räumen also durch die Nein-Kraft gefühlsmäßige Blockaden weg, wodurch die universelle Kraft wieder fließen kann:

▷ Nein, ich akzeptiere das nicht für mich (zum Beispiel wenn andere in unserer Gegenwart negativ sprechen).
▷ Meine blockierten Gedankenschichten durchdringt nun universale Energie.
▷ Ich werde von göttlicher Kraft durchflutet und auf höhere Bewußtseinsebenen gehoben.
▷ Der Christus in mir befreit mich nun von allem bösen Anschein, von aller Ärgerenergie gegen Orte, Menschen und Situationen in Vergangenheit, Gegenwart und Zukunft. (P)

Lassen wir los und Mutter–Vater–Gott wirken. Vergeben wir, der Ärger hält uns und andere nur im Unerwünschten fest:

▷ Ich gebe dich frei, überlasse dich dem göttlichen Wirken. (P)
▷ ... (Name), du gibst mich nun vollständig frei, wir lassen einander los und die göttliche Verzeihensenergie wirken.
▷ Das göttliche Licht/universelle Bewußtsein/Christus in uns ist unsere befreiende Quelle, jetzt, in dieser Lage (für gegenseitiges Verzeihen in einer Gruppe). (P)
▷ Der Christus in mir vergibt dem Christus in dir.
▷ Uns allen ist vergeben, und die vollkommenen Ergebnisse dessen offenbaren sich nun. (P)
▷ Das Göttliche in uns bewirkt nun unsere vollkommene Vergebung. (P)

▷ Ich erwirke nun vergebende Liebe und entferne aus mir jede Unversöhnlichkeit, Begrenzung, jedes Mißtrauen, jeden Haß und jedes Abgetrenntsein.

▷ Nun befreit mich vergebende Liebe von allem Üblen aus Vergangenheit und Gegenwart in Geist, Körper und in meinen Beziehungen. (P)

▷ Kosmischer Friede strömt jetzt in diese Situation und bewirkt perfekte Ergebnisse.

▷ Alle üblen Folgen vergangener Fehler sind nun mit göttlicher Macht aus meinem Leben abgeschnitten.

Ein einzelner kann unabhängig von den Gedanken der anderen für eine ganze Gemeinschaft reinigend wirken. Durch vergebungsvolle Gedanken vermögen wir auf konfliktreiche Beziehungen einzuwirken, Geldangelegenheiten zu regeln und unsere Gesundheit zu verbessern. Es wirkt sehr schnell, wenn wir uns wirklich entscheiden, daran zu glauben. Harmonisierung ist die Folge.

Die Reinigungsaffirmationen oder -bitten sind eine unerläßliche Vorbereitung für intensivere Übungen in Meditationen, die auf starker Konzentration und Visualisierungen beruhen wie zum Beispiel die Mentalarbeit.

▷ Ich ziehe aus meinem... (kranker Körperteil) alles Toxische heraus.

▷ Meine inneren und äußeren Welten sind harmonisch.

▷ Ich erfahre jetzt Frieden, Freude und Gesundheit.

▷ Ich weiß, daß eventuelle künftige Krisen, persönlich und global, nur Mittel zum Erwecken unseres Bewußtseins sind, und zwar als Gruppe. Ich gebe nun alle meine Vorstellungen über Krisen auf und lasse die universelle Harmonisierungskraft wirken.

▷ Ich entlasse andere Menschen aus der Verantwortung für mein Glück und meine Selbstverwirklichung, da ich weiß, alles ist in mir. Ich lasse die göttliche Kraft jetzt in mir wirken.

▷ Ich wage einen großen, vertrauensvollen Schritt, der Vergangenheit abschneidet, Gegenwart zuläßt/ändert und Zukunft erneuert. Ich überlasse mich dem Wirken des göttlichen Plans.

▷ Ich berate mich ab jetzt bei allen Entscheidungen mit meiner inneren Stimme, dem höheren Selbst.

▷ Alle unwahren, der göttlichen Quelle und meiner wahren Bestimmung unwürdigen Worte und Gedanken, die mich jemals und von wo auch immer erreicht haben, ich fordere, daß ihr mich verlaßt.

▷ Man hat euch vollständig verziehen, nun laßt mich vollkommen in Ruhe.

▷ Ich kann jetzt unterscheiden, welche Menschen tatsächlich von Licht erfüllt sind und welche bloß das Gewand der Kraft tragen. (S)

▷ Es ist Zeit, sich jener Leute bewußt zu sein, die mich nicht auf den Weg des Lichts und der Liebe führen. (S)

▷ Ich kann nun genau jene erkennen und anziehen, denen mein Höchstes am Herzen liegt. (S)

▷ Ich erhöhe nun meine Schwingung und die anderer durch Vergebung, indem ich jeden in göttlicher Vollkommenheit sehe.

▷ Es gibt keine Sünde, auch das ist nur ein Gedanke, und ich vergebe mir und den Menschen in meinem Leben alle Schuld und erbitte gleiches von ihnen.

4. Konzentration, Stille
Äußere Konzentration

Wohin wir unsere Aufmerksamkeit lenken, fließt unsere Kraft. Konzentrieren wir uns auf Mangel und Negatives, überlassen wir uns allen möglichen (und unmöglichen) Befürchtungen, dann tragen wir aktiv zu ihrem Eintreffen bei. Durch ordnendes Konzentrieren um eine zentrale Mitte erwecken wir die Kraft, die bewußte und angemessene Ergebnisse in unserem Leben bewirkt. Das konstruktive Sich-Sammeln wird zu dem bereits erwähnten Laserstrahl, der in Denken und Gefühl wirkt, indem er Zweifel, Angst und Mutlosigkeit zum Verschwinden bringt und Ziele verwirklicht. Um uns auf unsere aufbauende Kraft hin sammeln zu können, brauchen wir erst einmal eine Übersicht über das, was uns stört und verschwinden soll, und über das, was wir haben wollen.

Mit den Dingen, die wir nicht haben wollen, sind wir so stark beschäftigt, daß fast unsere ganze Energie dorthin geht. Wer könnte davon nicht ein Lied singen? Die ständige Konzentration auf Unerwünschtes hält aber dieses fest und stärkt es. Deshalb ist es eine gute Idee, einmal alle ärgerlichen Umstände in unserem Leben genau zu formulieren und sie aufzuschreiben, um sie dann loszulassen. Das wird etwas dauern; uns fällt sicher jeden Tag noch etwas mehr ein. Von Zeit zu Zeit sollte dieses Niederschreiben wiederholt werden, denn manches ist hartnäckig, und es kommt ja auch immer wieder Neues hinzu. Verabschieden wir uns am Ende von allem Ungemach, indem wir es segnen. Segnen heißt, etwas dankend anzuerkennen:

▷ Ich löse mich nun von diesen alten Situationen und Beziehungen. Ich lasse sie los und schicke sie dorthin, wo ihr Platz ist. Ich entlasse und reinige diese alten Energien, vergebe und konzentriere mich ab jetzt auf meine göttliche Kraft, die mein kommendes Gutes bewirkt.

Diesen Akt können wir durchaus als eine Art Ritual gestalten, indem wir uns ausreichend Zeit dafür nehmen, einen Ort herrichten und das entsprechend ausführlich Aufgeschriebene feierlich verbrennen. Das alles unterstützt unsere Bestrebungen, von der alten negativen Schiene wegzukommen. Wenn uns künftig die »liebgehaßten« Gedanken an unsere Probleme wiederkommen, richten wir unser Interesse mit einem kurzen Nein und einem Dank auf etwas anderes, etwas Konstruktiveres, statt uns mit ihnen wie gewohnt herumzuschlagen. Zuerst wird es uns schwerfallen, so zu handeln, doch auf die Dauer entzieht das unseren Problemen den Boden.

Statt uns also gedanklich auf Konflikte einzuschießen, können wir uns zweckmäßiger auf Ziele konzentrieren. Doch müssen wir dazu erst einmal Ziele haben. Ein Bekannter, ein durchaus gebildeter, belesener und auch geistig interessierter Mensch, der oft unglücklich war, antwortete ganz erstaunt auf meine Frage, was er denn überhaupt im Leben wolle, daß er sich darüber noch nie Gedanken gemacht habe! Wie soll aber unser Leben gelingen, wenn wir ihm keine Richtung geben?

Gewöhnlich denken wir diffus an alles mögliche, gar an diametral entgegengesetzte Dinge zu gleicher Zeit. Was soll unser Unterbewußtsein mit dieser unklaren Mixtur anfangen? Berühmte und erfolgreiche Menschen waren von einer Idee oder einer Sache besessen, was nur meint, daß sie ihre Energien auf ein Ziel hin gebündelt haben.

Das Nachdenken über Ziele wird eventuell eine gewisse Zeit in Anspruch nehmen. Sind sie dann formuliert, können wir uns auf sie konzentrieren und sie mit der Zeit dadurch ins Leben rufen. Wir werden auf diese Weise alle Schwierigkeiten im Leben überwinden. Als ich vor einigen Jahren eine karmische Beziehung aufzuarbeiten hatte, kostete mich das meine ganze Kraft. Ich hatte daher keine Energie mehr zum Arbeiten, und so war meine materielle Existenz gefährdet. Nachdem es mir endlich gelungen war, eine wichtige Entscheidung hinsichtlich der Beziehung zu fällen, zog ich mich für eine Woche zurück, um eine Lösung für die berufliche und finanzielle Situation zu finden. Ich tat nichts, als still zu sein und um Führung zu bitten, obwohl mir das Wasser bis zum Halse stand. Nach dieser Woche Stille wurde ich zu einer ersten Idee geführt, die für den unmittelbar bevorstehenden Zeitraum das Schlimmste verhütete. In den folgenden Monaten tat ich nichts, als Ziele zu formulieren und zu bejahen. Innerhalb von nur zwei Wochen hatten sich die ersten Ziele verwirklicht, wozu unter anderem eine bestimmte Summe Geldes jeden Monat gehörte. Das ist nun über vier Jahre her, und seither realisieren sich langsam auch die anspruchsvolleren Ziele – in genauer Entsprechung zu dem Maß, in dem ich meinen Glauben an Begrenzung aufgebe. Es war damals ein Wunder, das mein ganzes Leben auf eine höhere Stufe gehoben hat. Es war möglich, weil ich zum erstenmal konsequent und bewußt altes Wissen »auf die Probe stellte«, indem ich es anwendete und ihm vertraute.

Wahl ist möglich. Aber wir müssen aufhören zu jammern und eine Wahl treffen! Und dann gilt es, und das ist das Wichtigste, zu der getroffenen Wahl unbeirrt zu stehen! Das bringt die Resultate, die wir durch unser Denken auf der unsichtbaren geistigen Ebene in Gang gesetzt haben, in die physische Existenz.

Hören wir also auf, unsere Energie sinnlos zu verschwenden, indem wir zu lange an Problemen kleben. Richten wir unsere Kraft lieber auf wohlüberlegte Ziele, und vergessen wir nicht zu danken, wenn sich das Gewünschte dann einstellt:

▷ Ich habe jetzt mit göttlicher Hilfe die Kraft, von allen Ablenkungen und Süchten zu lassen, um mich auf meine wahrhaften Aufgaben klar zu konzentrieren.

▷ Jeglicher unangebrachter Kraftverschleiß hört nun auf. Ich gehe mit Freude und Leichtigkeit auf die gegenwärtig nötigen Handlungen zu, empfange die göttliche Kraft und öffne mich für gute Resultate.

▷ Die Bündelung meiner Kräfte gelingt mit Disziplin. Leicht und spielerisch erkenne ich meine Aufgabe im göttlichen Plan und lasse mich von der universalen Substanz an meinen Platz tragen.

▷ Erkenntnisfähigkeit nach innen und Handlungsfähigkeit nach außen bringen mich mit göttlicher Unterstützung auf die nötige Entwicklungsspirale, und ich danke für dieses gute Gelingen.

Innere Konzentration

In den Kammern des uns noch nicht ganz zugänglichen Teils unseres Bewußtseins gibt es enorme Energien, die wir uns nutzbar machen können, indem wir zum Beispiel für das alltägliche Leben Ziele aufstellen und uns dann auf sie konzentrieren.

Wir können mit der Konzentration – und der ihr entsprechenden Wirkung – nun noch tiefer gehen, indem wir uns auf das Geistige einstimmen. Das ist Meditation. Wir halten das normale Denken lange genug bei einem Gedanken oder einem Empfinden fest (zum Beispiel Dankbarkeit, Frieden), so daß eine Beruhigung eintritt und die tieferen Ebenen des Unter- und Überbewußten geweckt werden. Dies äußert sich in einem Bild, einem Symbol, einem Wort oder auch einer Geste mit der zugehörigen Empfindung. Ein Strom von Ideen entsteht. Wir bedienen uns unserer Intuition oder sind inspiriert. Meditation verbindet uns mit unseren inneren Ressourcen, indem sie uns an das in uns und in allem existierende Licht heranführt.

Die affirmativen Bitten oder Leitsätze, die bis jetzt besprochen wurden, waren Mittel, etwas zu bekommen oder zu erreichen. Die Aufmerksamkeit war nach außen gerichtet.

Wenn wir nun das gewöhnliche Denken lange genug auf einem Punkt halten, gelangen wir allmählich nach innen. Es ist ein Loslassen. Dabei gelangen wir an unsere Intuition, wir bekommen ein »Gefühl« dafür, was zu tun ist, jenseits von allem Denken. Üben wir weiter, hören mit der Zeit auch die Bilder, Erscheinungen oder Visionen auf. Es tritt Stille ein; wir sind ans Kosmische angeschlossen, das uns geistig nährt und allmählich Geist, Seele und Körper erhellt und zu einer Einheit zusammenschließt.

Hierhin zu gelangen verlangt einige Übung, deren Voraussetzung ein entspannter Körper und ein beherrschter Geist sind. Mit Hilfe der stetig geübten Konzentration kommen wir langsam zur Meditation. Wir können sie nicht machen, sie geschieht irgendwann, das ist das »Schwierige« daran. Dafür bedeutet sie dann wirklich eine neue Ebene in unserem Leben, die verändernd wirkt.

Wir entspannen uns und beruhigen dann das Denken mit wirkungsvollen Kraftworten (Mantras):

▷ Ich entspanne mich und lasse los.
▷ Nur das Gute ist in dieser Situation.
▷ Frieden. Liebe.
▷ Ich bin... (Licht, Einheit, Kraft oder ähnliches).
▷ Stille.
▷ Ich bin nun ganz bewußt.
▷ Klarheit, Einsicht, Weisheit.
▷ OM (oder einen der Vokale sprechen, summen, singen).
▷ Dein Wille geschehe.
▷ Jai Mahamaya ki Jai! (Ehre und Preis der großen göttlichen Energie, Ehre der großen göttlichen Mutter; Babaji).
▷ OM Namah Shivaya (OM, ich verneige mich in Ehrfurcht vor Shiva, dem inneren Selbst; Siddha-Yoga).
▷ Butsu namu. (Im Namen Buddhas; japanisch.)
▷ Ich bin, was ich bin.
▷ Amen! (So sei es!)

Die hier angegebenen Mantras sind unbedenklich anzuwenden. Doch seien wir mit solchen unbekannter Herkunft vorsichtig, da von jedem Mantra eine bestimmte, sehr große Wirkung ausgeht, besonders wenn sie auch noch gesungen werden.

Wir wiederholen die Kraftworte so lange laut oder still, bis wir eine Reaktion in uns spüren. Wir können ein wenig aussetzen, wenn wir uns nicht gut fühlen sollten, und es dann später erneut versuchen. Spüren wir die Wirkung, so entspannen wir alles Denken und bleiben still bei der durch das Mantra ausgelösten Empfindung. Wir werden die Energie und die Ideenfülle spüren, die dann nach einer Weile abebben. Unser Denken hat sich dann auf die Vorstellung des Guten und Ewigen, die den Mantras zugrunde liegt, eingestimmt. Diese Vorstellung ist integriert und wird Gutes bewirken.

Fühlen wir uns im Nebel und brauchen wir einen Rat, so können wir an dieser Stelle vom Mantra übergehen zu der Bitte an unser höheres Bewußtsein:

▷ Was ist die Wahrheit in dieser Situation?

Wir bleiben ganz ruhig und warten. Wir lassen geschehen. Die Gefahr ist groß, jetzt wieder ins normale Denken zu fallen und eine Antwort »vom Kopf« hören zu wollen. Geben wir uns einige Minuten Zeit, wir werden die richtige Antwort mit dem ganzen Körper erleben.

Wenn wir die Meditation, das Gebet, die innere Achtsamkeit oder die konzentrative Aufmerksamkeit regelmäßig üben, fällt es uns immer leichter, in diese interne Verbindung zum Sein zu gelangen. Täglich nur ein paar Minuten geübt ist besser als seltene Marathons.

Es ist also äußerst wichtig, nach der Läuterungsaffirmation, die mit Entspannen und Anerkennen die Vorbereitung für den Hauptteil abschließt, nicht sofort aufzuhören. Das Beste kommt erst noch. »Konzentration und Meditation verlangsamen das Denken bis zum Punkt der Offenbarung«, sagt Catherine Ponder. Nun können wir

Weisheit auffangen beziehungsweise geistige Nahrung aufnehmen und die drei niederen Körper – Emotional-, Mentalkörper und physischen Körper – hell werden lassen und einen.

Auf dieser Ebene werden wir auch Situationen oder Menschen, die wir nicht mögen, anders sehen. Wir verstehen, daß sie entweder uns heilen oder von uns geheilt werden wollen. Meist ist beides der Fall. Wir lernen in diesem Zustand, nicht vor Unannehmlichkeiten zu fliehen, sondern ihr Gutes zu sehen, zu danken und zu segnen. So können wir Gutes hervorrufen:

▷ In diesem Erlebnis ist nur Gutes.
▷ Ich stimme mit dem Guten in dieser Situation überein. (P)

Durch die Konzentration und Kontemplation auf und über das Gute bekommen wir unsere Welt in den Griff, so befremdlich sich das anhören mag. Noch einmal: *Was du verehrst, ehrt dich!* Das Maß unserer konzentrativen Achtsamkeit bestimmt Art und Ausmaß der Beantwortung unserer Fragen an das Höhere in uns.

Wir leben in einer lauten Welt, deren Umtriebe es uns schwermachen, zur Ruhe zu kommen. Die Stille, die wir irgendwann erfahren, wenn wir regelmäßig Konzentration üben, ist das Geheimnis aller schöpferischen Kraft. Gewöhnlich meinen wir, kämpfen zu müssen, um unsere Angelegenheiten zu erledigen. Und wir suchen oft die Stille außerhalb von uns selbst.

Stillsein bedeutet nicht, lediglich auszuruhen. Die Konzentration und das, was danach kommen kann, bündeln unsere Wahrnehmung und geben uns Gelassenheit in unserem Tun, das positive Ergebnisse zeigen wird.

Stille reinigt von allem Bedeutungslosen. Sie führt zur Selbstbeherrschung, verzichtet auf jegliche Kritik und Mißbilligung und enthält sich unnützen Geschwätzes.

Haben wir mit affirmativen Geleitsätzen gebetet oder gearbeitet, so können wir, statt uns zu ärgern, in unserem Denken Worte wie folgt festhalten:

▷ Es offenbaren sich nun die göttlichen Resultate.
▷ Jetzt ist die Zeit göttlicher Erfüllung.
▷ Dein Wille geschehe, göttliche Kraft.
▷ Es ist vollbracht, und die universale Substanz wirkt nun mein Bestes.
▷ Ich vertraue.

Manchmal braucht eine Sache eine Ruhezeit, und wir tun gut daran, bejahend, gelassen und vertrauensvoll zu warten und uns von der Vorstellung, wann und wie etwas eintreffen sollte, zu lösen.

Bevor wir von unangenehmen Dingen befreit sein können, müssen wir sie angenommen haben und verstehen, warum sie in unserem Leben sind. Alle Arbeiten haben ihren Sinn, selbst das Putzen. Es bringt Klarheit auf vielen Ebenen:

▷ Mutter–Vater–Gott, führe mich jetzt zu meinem Guten. (P)
▷ Was für mich das Beste ist, wird zu mir kommen. Vertrauensvoll überlasse ich mich dem göttlichen Plan für mein Leben.

Seien wir so oft wie möglich still, das kräftigt unser inneres Leben und gibt uns die Macht, auch unseren Alltag zu meistern. Jemandem, der unaufhörlich von seinen Problemen absorbiert ist, kann niemand helfen. Er fällt zudem irgendwann allen mit seinem ewigen Gerede auf die Nerven.

Die Stille nimmt nur kurze Zeit in Anspruch: mehrfach am Tag einige Minuten. Sie ist keine Zeit, während der großartige Visionen stattfinden. Es wird sich einfach um ein gelassenes Ruhigsein handeln, während dessen wir Kraft sammeln. Stuart Wilde sagt in seinem Buch über Wunder, daß das Leben nicht als Kampf gedacht war. Zu Hause habe ich in großen goldsilbernen barocken Lettern um meinen Spiegel geschrieben: »Ich muß es nicht allein machen.« Wir können nicht mehr, als unseren Teil tun, das andere ist der Sorge des Göttlichen unterstellt. Verfahren wir so, daß wir bei auftauchenden Schwierigkeiten »Stillwerden« denken und die universelle Kraft arbeiten lassen, werden wir offen für die größeren Dinge, und die wirklichen Wünsche unseres Herzens erfüllen sich.

5. Ziele formulieren

Die fünfte Gruppe des kreativen Denkens ist keine eigentlich neue Etappe. Sie beinhaltet vielmehr eine Sammlung von Themen, auf die es sich zu konzentrieren lohnt, und zwar in der in Gruppe *4: Konzentration* beschriebenen Weise. Die Gruppen 4 und 5 stellen sozusagen das Kernstück oder den Gipfel des kreativen Denkens dar, der jedoch ohne die in den vorangehenden Gruppen 1, 2 und 3 *(Entspannen; Anerkennen; Reinigen)* beschriebenen Bemühungen nicht erklommen werden kann. Und dieser Anstrengung ist ohne den Kontrapunkt der ordnenden Verbindung in den Gruppen 6 und 7 *(Schutz* und *Dank)* kein Erfolg beschieden. Alles das ist eine Einheit; es gehört untrennbar zusammen und ist hier nur der Erläuterung und Verstehbarkeit halber separat aufgelistet.

Geistige Ziele

▷ Ich bin stets in der Liebe und unterscheidenden Weisheit.

▷ Mein geistiges Wachstum steht an erster Stelle.

▷ Ich lerne auf emotionale Kontakte der niederen Astralebenen zu antworten, ohne ihnen zu unterliegen. Ich wachse über sie hinaus, jetzt.

▷ Ich bin nun für die Welt der Mentalebene und darüber hinaus empfänglich (bei emotionalem Verhaftetsein). Gleichzeitig bin ich gut in der Erde verankert durch Handeln.

▷ Ich erinnere mich stets: Wir sind als Gemeinschaft auf die Erde gekommen.

▷ Es gibt *keine* Grenzen.

▷ Ich entscheide mich jetzt, alles, aber auch alles abzuwerfen, was mich hindert, im Licht zu sein, jetzt. Und ich weiß, der Rest wird unausweichlich folgen.

▷ Ich bin grenzenlos. Ich bin.

▷ Ich genüge, so wie ich bin. Ich bin geliebt. Ich bin fähig. Alles kommt mühelos.

▷ Ich wechsle nun von den dichteren in die feinstofflichen Bereiche über.

▷ Ich öffne mich der Intuition: Ich erfühle und verstehe Ereignisse in einer tieferen Schicht. (S)

▷ Ich habe stets geistige Führung und erhalte Antworten auf meine Fragen.

▷ In mir ist ein tiefer Seinsbereich eröffnet, so daß die Erinnerung an dieses Wissen und vieles andere, das in mir angelegt ist, geweckt ist.

▷ Ich erwache jetzt vollkommen.

▷ Ich gebrauche meine neuerwachten Sinne richtig.

▷ Ich drücke meine persönliche Kraft auf eine Weise aus, die mir und anderen gerecht wird.

▷ Ich bin ein Wesen des Lichts und der Liebe, das eine Gelegenheit wahrnimmt, die Schwingung von Freude und Liebe auszustrahlen.

▷ Ich bin sanft, sensibel, liebevoll und kraftvoll.

▷ Ich bin ein wertvoller Mensch und vertraue dem Universum, das mich trägt.

▷ Ich bin schön, liebevoll und lichtvoll. Ich anerkenne mich und andere, jetzt.

▷ Meine Freunde und Klienten/Kunden/Kollegen begegnen mir immer mit Wärme, Zuneigung und Ehrlichkeit.

Weltliche Ziele

▷ Ich bin ein fleißiger, liebevoller Mensch und vermag gut mit andern Menschen umzugehen. Ich übe, so oft ich kann, bedingungslose Liebe.

▷ Ich entwickle jetzt mehr Kraft, Selbstbewußtsein, Selbstliebe, Klarheit, Unterscheidungsvermögen und Zielgerichtetheit.

▷ Ich konzentriere mich nun darauf, wie ich mir und anderen Menschen in ihrer Entfaltung behilflich sein kann, statt mich selbst zu hassen oder klein zu fühlen.

▷ Ich unterstütze mich und andere in ihrem Wachstum in der Richtung, die gut ist, indem ich im Vertrauen auf das Höhere in mir handle.

▷ Ich ehre alle, die zu mir kommen (Klienten, Verwandte, Unbe-
kannte, Freunde, Patienten, Handelspartner, Feinde, Kinder,
Tiere und Pflanzen, Steine).

▷ Ich bin mir bewußt, daß dadurch, daß ich alle und alles achte,
unser Ziel und Leben sich auf eine höhere Stufe hebt.

▷ Liebes höhere Selbst, ich übertrage dir meine momentane Situation mit der Bitte, sie zu erledigen:
● daß ich immer meine Rechnungen bezahlen kann,
● daß meine Arbeiten erfolgreich sind im Sinne des göttlichen
Plans und mir entsprechend gezeigt werden,
● daß ich neue, unübersehbare Impulse bekomme, wenn nötig,
● daß ich mich auf Menschen in tiefer Weise beziehen lerne und
harmonisch mit ihnen leben kann,
● daß ich gute Geschäftsverbindungen aufzubauen vermag,
● daß ich offen für alle deine Gaben bin,
● daß ich meine Gedanken und Gefühle erkennen, erlösen und
auf einer höheren Stufe damit schwingen kann,
● daß ich stets weiß, daß ich einzigartig und begabt in Fülle bin,
● daß ich stets weiß, was ich als nächstes tun möchte oder zu tun
habe.

▷ Es gibt subtile wahre Erinnerungen in meinem Geist, und alte
negative Erinnerungen und Muster sind gelöst. Sie können mich
nicht mehr hindern, diese meine Essenz an die Oberfläche zu
bringen, jetzt.

▷ Ich bin erfolgreich, das ist in Ordnung, und ich danke dafür.

▷ Ich habe mehr Frieden und Liebe in meinen Beziehungen.

▷ Ich identifiziere unerwünschte Gedanken und Gefühle anderer,
schalte diese Programme beziehungsweise die Empfangspro-
gramme in mir dafür ab und verbinde mich statt dessen mit den
höheren Kräften des Universums.

▷ Ich werde täglich gesünder an Leib und Seele. Mein ... (Körperteil) ist geheilt, und ich habe die Kontakte, die für eine vollständige Annahme, Erkenntnis und Heilung nötig sind. Ich stehe
solche Reinigungsphasen mit Geduld und Vertrauen durch.

6. Schutz

Sind wir innerhalb unseres Bemühens um kreatives Denken bis zum Formulieren von Zielen vorangekommen, so haben wir die schöpferische Stille erlebt, die alles Manifestieren begleitet. Wir können nun als Abschluß eine Bitte um Schutz anfügen, bevor wir mit dem Dank abschließen.

Um Schutz bitten können wir zudem bei jeder sich bietenden Gelegenheit, auch außerhalb von Konzentrations- und Meditationsübungen:

▷ In mir ist eine Kraft, die mich vor jedem Schaden bewahrt. (P)

Dies kann sich auf die Bitte um Gesundheit beziehen, darauf, daß unser Telefon nur für seriöse Anrufe, für göttliche Ordnung, offen ist, wir vor Unfall und Diebstahl oder vor anderen unerfreulichen Ereignissen geschützt sind.

Es kann auch Schutz vor aufdringlichen Menschen in unserem Umfeld bedeuten, wobei wir darauf achten, daß wir anderen mit unseren Bitten nicht schaden (Hinzufügen von »dies oder etwas Besseres«, dazu die Anrufung höchsten Bewußtseins) oder:

▷ Ich bitte um eine Lösung zum Wohl aller Beteiligten.
▷ Zum Besten aller Wesen. (Tibetischer Buddhismus)

Es ist höchst wirksam und intelligent, unser tiefverwurzeltes Nörgeln und Kritisieren durch eine Schutzformel zu ersetzen. Auch gleich nach dem Erwachen oder wenn uns ein schwerer Tag bevorsteht ist das angebracht, nicht nur für uns selbst, sondern auch für andere. Bei bevorstehenden oder eintretenden Katastrophen (Brand, Erdbeben, Krieg, Unwetter) hilft es ebenso und bewahrt uns vor chaotischen Reaktionen:

▷ Klarheit.
▷ Um mich ist das reine weiße Christuslicht. Die üblen Gedanken anderer haben darin keinen Platz.
▷ Du... (Name), bist von reinem weißen Licht umgeben. Ich er-

kläre dich als von den schädlichen Gedanken anderer unberührt (Schutz für andere).

▷ Ich überstelle mich/dich/diese Situation Mutter–Vater–Gott. Das Höchste leitet, und nur Gutes ergibt sich aus dieser Erfahrung für alle Beteiligten. (P)
▷ Ich stehe unter göttlichem Schutz.
▷ Göttliche Schutzkräfte zeigen und ebnen mir meinen Weg.
▷ Der Engel der Ruhe geht vor mir her und bewahrt mich vor allem Üblen. (P)
▷ Die Engel der Heilung, des Schutzes und des Wohlstandes gehen vor mir her und nehmen mich in ihre Schwingung. (P)
▷ Ich bin schützend mit unendlicher Liebe und Weisheit umgeben.
▷ Das Göttliche zeigt mir den Weg. Ich bin geliebt.
▷ Ich gehe in einer Kugel aus goldenem/violettem Licht.
▷ Es wird mir kein Übel begegnen, und keine Plage wird meiner Hütte sich nahen. Denn er hat seinen Engeln befohlen über mir, daß sie mich behüten auf allen meinen Wegen. (91. Psalm)
▷ Ich bin göttlich geschützt mit einem Mantel aus rotviolettem Licht.

7. Danken

Der Dank bildet den krönenden Abschluß unserer kreativen Denkbemühungen. Er ist sozusagen das I-Tüpfelchen, ohne das nichts geht. Unsere Dankbarkeit bewirkt das Ingangsetzen dynamischer Kräfte für die Erfüllung unserer Wünsche. Die Macht dankender Worte setzt Energie frei.

So können wir zum Abschluß jeglicher Affirmationen und Bemühungen um kreatives Denken danken, auch wenn sich unsere Bitten noch nicht verwirklicht haben. Unser Dank bringt die kosmische, uns noch etwas geheimnisvoll erscheinende Maschinerie ins Rollen.

Es ist eine gute Idee, alle unsere Wünsche und Träume aufzuschreiben. Wir sollten diese Liste täglich durchgehen und dankend bestätigen. Die Liste kann auch für Freunde, Angehörige und Situationen fernab gelten, zum Beispiel im politischen oder wirtschaftlichen, auch religiösen Weltgeschehen. Nichts ist zu gering oder zu groß, um es dankend zu segnen und damit zu aktivieren.

Beim täglichen lauten Lesen werden wir von selbst Korrekturen vornehmen, weil die intensive Beschäftigung mit unseren Wünschen uns sensibilisiert. Wir werden Dinge streichen, durch Besseres ersetzen oder irgendwann auch abhaken können, weil sie sich erfüllt haben (danken!).

Statt uns zu ärgern, sollten wir diese Energie lieber zum Kreieren und Danken nutzen! Erfreuen wir uns daran, unsere Umgebung und den Kosmos durch schöpferisches Spielen mit unserer Denkkraft zu beschenken, statt die Umwelt mit unseren Klagen zu belasten und damit das kollektive Bewußtsein, das Astrale, noch mehr zu verdunkeln. Diese tägliche Konzentration klärt unsere Vorstellung von Zielen. Machen wir einmal den Anfang durch eine Art Ritual, und nehmen wir uns dann täglich die Zeit zum Durchlesen oder Sprechen. Eine gute Zeit ist vor dem Einschlafen, dann kann die Kraft der Verwirklichung über Nacht wirken, und/oder nach dem Erwachen, um den Tag aktiviert und harmonisch zu beginnen. Lassen wir der Phantasie freies Spiel, denken wir in Bildern, so exakt wie möglich, sprechen wir laut und klar, nicht schüchtern. Seien wir uns der Macht des Wortes bewußt. Tun wir, als sei bereits alles Wirklichkeit. Mit Kindern macht das besonderen Spaß, weil sie es, etwa mit Singsang, spielen. Jedes Jahr kann ein solcher Kreationsplan generalerneuert werden.

Am besten unterstützen wir uns durch Verschwiegenheit nach außen und konzentrieren uns dabei auf unser Gutes, dann sind wir einfach zum Erfolg gezwungen. Loben wir unseren Körper, statt andere zu tadeln. Lieber sollten wir meckernde Leute meiden und uns hier in der Nein-Kraft üben. Genießen wir das Entwickeln, üben wir Freude und Genußfähigkeit in allem:

▷ Ich habe eine wundervolle Arbeit mit toller Bezahlung. Es geht alles mit Leichtigkeit vonstatten.
▷ Ich führe souverän die Schar meiner Gedanken, leiste dadurch mir und anderen einen Dienst.
▷ Das Göttliche ist nun meine Versorgung und mein unbegrenzter Reichtum an allen guten Dingen. (P)
▷ Mein Geist, mein Körper und meine Angelegenheiten zeigen jetzt

die strahlende Vollkommenheit göttlichen Bewußtseins. Ich bin frei durch die Freiheit des Geistes, und so zeigt sich nun mein Gutes.

▷ Ich bin ein Kind des Lichts, und ich realisiere meine ureigensten Freiheiten, Fähigkeiten und Talente, die nun zu meinem Guten ungehindert zur Entfaltung kommen.

▷ Ich entwickle nun alle meine potentiellen Talente, Fähigkeiten und Begabungen. Gute Gelegenheiten dafür kommen nun in Fülle auf mich zu.

Wenn wir unsere Wunschlisten und Kreationspläne lesen und unsere Denkübungen tun, so wird sich mittendrin in der meditativen Stille oder irgendwann beim vertrauenden Danken am Schluß ein Gefühl der Gewißheit einstellen, daß die Dinge ins Rollen gekommen sind und sich zu verwirklichen beginnen. Stoßen wir zu diesem Moment vor. Auch wenn das Gefühl des Erhörtwerdens nicht sogleich präsent ist und vorerst überhaupt nichts zu passieren scheint, ist es wichtig, kontinuierlich weiterzumachen. Die Beantwortung kann sich erst nach einiger Zeit einstellen, besonders dann, wenn wir noch wenig Erfahrung mit dem kreativen Denken haben. Wir können in solchem Fall um vollständige Resultate, um Gelingen bitten. Und immer wieder Bestätigung von Führung und innerer Gewißheit üben!

Manchmal kommt das Gefühl der Beantwortung in einem völlig unerwarteten Moment: beim Zähneputzen oder Autofahren, in einem Gespräch mit einem Wildfremden über ganz andere Dinge oder beim Spielen mit den Kindern. Wir können diese Arbeit auch sehr gut in Gruppen tun. Deren Energie gibt Bitten um Beantwortung eine gehörige Verstärkung. Bedenken wir auch, daß wir lange, bevor Dinge wirklich eintreten, eine Gewißheit über ihr Erscheinen in der Wirklichkeit bekommen können. Gelassenheit und geduldiges Bejahen sind mitunter nötig. Arbeiten wir an der Beantwortung, machen wir Ordnung innen und außen, bereiten wir uns auf sie vor, denn so erleichtern wir dem Kosmos die Arbeit. Wir fühlen genau, wann die Bestätigung kommt. Es atmet sich leichter, wir fühlen uns besser, klarer, hoffnungsvoller und freier:

▷ Ich danke für Beantwortung.

▷ Dieses oder etwas Besseres, göttliches Bewußtsein.

▷ Dein grenzenloser guter Wille geschehe in meinem Leben, hier und jetzt, Göttliches.

▷ Danke für die guten Ergebnisse, die sich im richtigen Moment nach dem göttlichen Plan offenbaren werden. (P)

▷ Ich lege meine Wünsche liebend in die Hände der göttlichen Existenz. (P)

▷ Ich danke dir, Mutter–Vater–Gott, für den Überfluß an Leben und Licht, für vollkommenen Wohlstand, für Gesundheit, Kraft und unbegrenzte Freiheit.

Zum oben erwähnten Ordnungmachen gehört neben dem gefühlsmäßigen Hingeben bei den Affirmationen und beim Danken auch, daß wir unsere Beziehungen harmonisieren. Wir können für andere bitten oder Fremden eine Freude bereiten. Es ist nicht wichtig, wie sie darauf reagieren. Dadurch intensivieren wir die Beantwortung unserer Wünsche an die Existenz. Unterstützen wir die Bitten anderer. Das löst Karma und Blockaden:

▷ Ich setze all mein Vertrauen in die kosmische Absicht und erwarte Antwort auf meine Fragen/Bitten. Ich bin nicht abhängig von Personen oder Bedingungen.

Manchmal sieht die Antwort vollständig anders aus als unsere Erwartungen, und mit der Zeit erst erkennen wir, daß es eine Antwort war, und eine passende obendrein. Kämpfen wir nicht um ein Gefühl der Beantwortung. Es läßt sich nicht erzwingen. Mit der Zeit bekommen wir ein Gehör und Gespür dafür – für diese subtilen Zeichen der gelungenen Kommunikation mit Bereichen in uns und zu Ebenen, die wir Menschen uns gerade erst zu meistern anschicken. Seien wir gewiß der Antwort, die da irgendwann kommt, und wenden wir uns genußvoll den Aufgaben des Tages zu, um sie spielerisch voranzubringen.

Danken wir immer in aller Ruhe für das Gute, was da ist. Dann wird es vermehrt. Sehen wir in allem das Gute. Liebe löst Unangenehmes auf. Gloria Karpinsky sagt in ihrem Buch über die Stufen der Initiation: »Besser eine Kerze anzünden, als die Dunkelheit verfluchen.«

Affirmationen für besondere Situationen

Es folgen nun, wie bereits angekündigt, weitere Affirmationen aus wichtigen Lebensbereichen, die statt des Zieleformulierens als mögliche Kernstücke in die Gruppen 4 und 5 einsetzbar sind, je nach Bedarf und Problem. Somit wird die geistige Übung des klaren und kreativen Denkens vielseitig anwendbar.

Notfallaffirmationen zur Ermutigung

▷ Zeig mir die Wahrheit, höchstes Bewußtsein, in dieser Situation.
▷ Ich werde nun vollkommen bewußt. (Karpinsky)
▷ Ich habe keine andere Aufgabe als Stille (Kaplan-Williams)
▷ Ich öffne mich nun meinem inneren Wissen.
▷ Ich verdiene und kreiere Fülle auf allen Ebenen meiner physischen Existenz und Erfahrung, jetzt. (Petersen-Lowary)
▷ Mich interessiert die Kreuzigung nicht mehr, sondern die Auferstehung.
▷ Der Gedanke an Not (und Not selbst) sind nichts anderes als Ursache und Wirkung. Ich lösche nun die Ursache aus, so daß die Wirkung verschwinden kann. (S)
▷ Ich bin hier, um einen höheren Entwicklungsstand zu erreichen und um der Erde zu helfen. Es gibt keinen Teil in mir, der mir nicht beizustehen versucht.
▷ Ich lerne alle Teile des Selbst zu lieben, damit heben sich die Polaritäten auf und Integration/Vereinigung/Einheit mit den höheren Bewußtseinszuständen geschieht. Dann kann das höhere Selbst zu mir durchdringen.
▷ Ich verwende nun alle meine Kraft darauf, Liebe zu erfahren – im Geben und im Nehmen.
▷ Ich verschwende nicht viel Energie darauf, warum etwas nicht gegangen ist, sondern ich schaue vorwärts: Wie kann es gehen?

▷ Wenn Zweifel jeglicher Art kommen, drehe ich sofort um und denke, wie geliebt ich werde, wie erfüllt ich bin. Damit stimme ich mich auf entsprechende kollektive Gedankenformen ein: Wieviel Liebe kann ich jedem geben?

▷ Liebe ist ein Bereich in Form von Energie, zu dem ich jederzeit Zugang habe, sobald ich nur liebevoll an mich oder jemanden denke. Damit erhöhe ich tatsächlich meine Schwingung.

Ärger beseitigen

▷ Jegliche Ärgerenergie in mir kann sich nun durch meine liebende Akzeptanz auflösen.

▷ Ich vergebe allen, die mich – vermeintlich oder tatsächlich – behindert, übervorteilt oder in sonst einer Weise verletzt haben. Auch mir selbst verzeihe ich, und alle Verdrehungen in mir und in diesen Beziehungen sind jetzt endgültig aufgehoben.

▷ Ich vergebe meinen Eltern und Geliebten und wünsche ihnen und mir weitere Entwicklung.

▷ Ich lasse die Angst vor dem Unbekannten gehen.

▷ Ich bitte alle, die ich – vermeintlich oder wirklich –, auf welcher Ebene auch immer, verletzt habe, um Verzeihung. Euer Gutes soll euch nun auf allen Wegen reichlich zufließen.

▷ Ich lasse die Angst vor Ungewißheit und Trauma gehen.

▷ Ich aktiviere mein Vertrauen in das große Ganze.

▷ Ich befreie mich von der Aggression, die mich überfällt, wenn ich mich unsicher fühle.

▷ Aggressionen von anderen überwältigen und versteinern mich nicht mehr. Ich lege das Muster des Ausweglosseins und des Selbsthasses ab.

▷ Ich bringe meine versteckten Aggressionen in meinem Bewußtsein nach oben, um sie entfernen zu können. Durch Vertrauen wird vermieden, daß ich dabei außer Kontrolle gerate.

▷ Ich gebe es auf, mich anzupassen, um Liebe zu bekommen.

▷ Ich erlaube mir, alte Muster von Macht und Ohnmacht auszumerzen, jetzt.

▷ Gebe meinen Hilflosigkeitskomplex auf, jetzt.

▷ Ich lasse meine Schuldgefühle los.

▷ Es ist in Ordnung, hinzuschauen und zu konfrontieren. Ich verstecke nichts mehr von/in mir. Das macht klar.

▷ Ich eliminiere alle Unklarheit in meinem kreativen Prozeß.

▷ Ich lasse alle in meinem Körper festgesetzten Unterdrückungen gehen.

▷ Alle Destruktivität ist nun aufgelöst, ohne meine dynamische Schöpferkraft negativ zu beeinflussen.

▷ Ich gebe nun alle Affinität zu Unterdrückbarkeit auf.

▷ Ich löse die Angst, Wut oder Anerkennungssucht Autoritäten/Patriarchen/Müttern gegenüber auf und entferne so mein tiefgehendes Festhalten an Ungleichheit und Ungerechtigkeit, jetzt. Ich eröffne nun klare Kommunikationslinien.

▷ Ich muß vor Patriarchen/Müttern und sonstigen Autoritätspersonen nicht mehr im guten Licht dastehen.

▷ Ich gebe alle Unterlegenheitsgefühle auf, trenne mich nun von dieser alten, eingefressenen Gewohnheit und übernehme selbst die Verantwortung für meine Handlungen.

▷ Ich weiß, daß Erniedrigung ein selbsterzeugter Wahn ist, und trenne mich nun von dieser Gedankenverdrehung.

▷ Ich gebe die Angst vor Verlust auf und erlaube meinen Wünschen und meinen Zielen zu wachsen und im Vordergrund meines Lebens zu stehen, damit Göttlichkeit sich verbreiten kann.

Diese Vorschläge zu Affirmationen bei Gefühlen von Ärger oder Aggression können morgens und/oder abends laut gelesen werden. Man suche sich diejenigen heraus, die beim ersten Durchlesen die meisten Gefühle auslösen, gute wie schlechte Gefühle. Die Affirmationen sind so abgefaßt, daß sie für die häufigsten Verletztheiten sowohl bei Frauen als auch bei Männern genutzt werden können. Es ist ebenfalls sehr hilfreich, sie im später beschriebenen Mentaltraining zu verwenden.

Wut – wir spüren sie im Bauch, denn sie wirkt vom Solarplexus her. Dieses Chakra ist bei vielen Menschen verkrampft; es gibt in unserer anstrengenden Zeit zu viele negative Dauerströmungen. Doch übt ein ständig mehr oder weniger angespannter Solarplexus einen schwächenden Einfluß auf die umgebenden Körperorgane aus. Außerdem fühlt er sich einfach unangenehm an, und unsere Nerven leiden. Ganz zu schweigen von den obigen Verhaltensmustern, die damit zusammenhängen. Darum ist es eine gute Idee, gleichzeitig mit den Affirmationen auch auf die Entspannung in der Bauchgegend zu achten.

Ich empfehle besonders den Solarplexusatem von Michio Kushi (Atmung mit dem Zentrum der Magengegend). Es ist eine äußerst wirksame Übung, und ich schlage vor, sie zuerst beim meditativ entspannten Liegen zu praktizieren, um den Entspannungsvorgang mitzubekommen und einzuüben. Später sollte sie für einige Monate zu einer ständigen Aufmerksamkeitsschulung werden, nebenher zu allem geübt, was wir gerade tun. Nach einiger Zeit ist dann eine neue Gewohnheitsschiene entstanden und der Solarplexus spürbar entkrampft; wir müssen nur noch in sehr aufreibenden Situationen besondere Aufmerksamkeit auf ihn verwenden.

Noch ein Tip: Mit dem Entspannen im Solarplexus kommen natürlich allerhand Gefühle und Gedanken hoch. Es wird also einer verstärkten Affirmationsarbeit bedürfen, damit wir davon nicht überrollt werden. Außerdem kann in bestimmten Phasen der Öffnung des Bauchchakras Übelkeit auftreten. Atmen und Ruhe sind dann vonnöten, aber nach einigen Tagen ist es ausgestanden. Wir fühlen uns dann wunderbar, wie von einer Last befreit.

Eine andere gute Übung besteht darin, uns einen ständigen Strom von Licht vorzustellen, der über das Scheitelchakra von oben aus dem Kosmos hereinkommend durch den Oberkörper hindurchfließt und dann aus dem Solarplexus herausströmt. Es hilft, im Solarplexus entspannt zu bleiben, und verhindert, daß negative Spannungen in uns hineinfließen. Chris Griscom beschreibt in einem ihrer Bücher diese Methode, von der ich auch oft in Japan gehört habe. Die Farben sind nicht so wichtig. Für den Anfang ist Gold am besten. In besonderen Gefahrensituationen, aber nur in diesen, sollte weißes Licht imaginiert werden. Rot kräftigt und spült Aggressionen heraus, sollte jedoch immer nur kurz und als Anfangslicht genommen werden, bevor wir die Dauerfarbe wählen: Blau kühlt, weitet, entspannt und macht uns auf unsere Muster aufmerksam, grünes Licht heilt und harmonisiert, Orange erweitert. Am besten ist es jedoch, die eigene innere Stimme zu befragen und auf eine Farbe zu lauschen. Das verbessert außerdem noch die Intuition.

Als dritte Übung zum Entspannen der Magengegend ist das Hineinlächeln für fünf Minuten in alle wichtigen inneren Organe zu empfehlen, wie es Mantak Chia beschreibt. Außerdem der ebenfalls zuvor beschriebene Atem der Göttin.

Vor dem Einschlafen

▷ Ich erkenne, daß in mir ein geistiger Körper der Freude ist, immer jung, immer schön. Alle Zellen meines Körpers sind von nährendem Licht durchflutet und lächeln. Alle meine Körper existieren in kindlicher, unschuldiger Vollkommenheit und Harmonie. (S)

▷ Ich begebe mich nun vertrauensvoll und gänzlich entspannt in die Arme des Schlafs, um erholt und voller Kraft zu erwachen. Ich erhalte nachts Gesundung von aller Anspannung des Tages und Belehrung auf höheren universalen Ebenen, um mein Leben mit Freude und weisem Können zu leben.

▷ Mir wird nun durch einen geistigen Helfer der inneren Ebenen gezeigt, was für die Aufrechterhaltung meiner physischen Realität nötig ist.

▷ Ich werde heute nacht in die verschiedenen Traumrealitäten eingeführt und lerne, mich in ihnen zu bewegen und sie zur Entfaltung bewußt zu nutzen.

▷ Ich habe angenehme, fröhliche Träume, die meine gute Stimmung und Kraft wiederherstellen.

Nach dem Erwachen

▷ Nun, liebe(r) ... (unser Name), es wohnt ein göttlicher Alchimist in dir. (S)

▷ Das bin »ich«. Aber es gehört mir nicht. Es ist Bestandteil eines allgemeinen, größeren, geteilten Bewußtseins. Wir sind einst alle zusammen als Gruppe auf die Erde gekommen und gehen hier einer Aufgabe nach, die uns jetzt wieder zusammenbringt.

▷ Ich höre auf, an andere Erwartungen zu stellen. Ich verstehe, daß ich jedes Energietief selbst beheben muß und kann. Nicht, indem ich von anderen oder niederen Energien schöpfe, sondern indem ich mich an das höhere Selbst anschließe, jetzt. So werde ich mit der Zeit selbst Licht.

▷ Ich verdiene und kreiere nun Fülle auf allen Ebenen meiner physischen Existenz.

▷ Wo wir aufmerksam sind, da ist unsere Energie.

▷ Wie wir Menschen und Dinge betrachten, macht allen Unterschied.

▷ Ich mache mich nun frei von allen dunklen Träumen, reinige mich von schweren Gedanken und Gefühlen und öffne mich für die Gaben des kommenden Tages, für die ich danke.

▷ Ich sage Dank für den Schutz meines Schlafes und das Lernen. Ich schüttle allen Unmut ab und gehe mit Freude an die Aufgaben des Tages. Ich bin erfüllt von meinem kommenden göttlichen Guten.

Mangelbewußtsein löschen

Immer dann, wenn wir uns merkwürdig zu fühlen beginnen, sollten wir das Normale, Unabwendbare tun: Schreiben, Aufräumen, Waschen, Einkaufen, Rechnen, Putzen, Bauen, Ordnen. Das macht uns real, das erdet uns.

Nicht lamentieren! Das Tun bringt den erhitzten Verstand oder auch Geist wieder in Balance. Es verhindert ein Fallen auf der Bewußtseinsleiter nach unten und festigt das Nach-oben-Gehen. Reden wir mit unseren Zellen liebevoll. Denken wir das Gute. Lieben wir uns und umarmen uns.

Die ungeheure Energie im Wurzelchakra können nur wir selbst befreien, und zwar durch Tun: indem wir erst einmal unsere innigsten Wünsche und Träume umarmen, dann aber mit ihnen energetisch spielen und sie dabei hinausschicken, manifestieren, leben.

Der Glaube an Mangel ruft die Probleme hervor. Verlustgedanken bedeuten ganz konkret Zerstörung. Das Wissen um Erfüllung bringt diese schädliche Schwingung zum Erlöschen:

▷ Ich rufe nun die Kraft der Erfüllung an. Ich bin bereit, meine ungläubigen Schichten zu entkristallisieren, damit mein Gutes aus Vergangenheit und Gegenwart zu mir durchkommen kann.

▷ Jetzt ist die Zeit göttlicher Erstattung aller Verluste. Ich akzeptiere diesen Ausgleich und sage Dank für das Gelingen reicher Ergebnisse, die auf mich warten und sich jetzt zeigen. (P)

▷ Ich danke für reichen göttlichen Ausgleich in Geist, Körper, in allen meinen finanziellen Belangen und Beziehungen. (P)

▷ Es gibt keinen Mangel an Liebe, Vergeben oder göttlicher Ordnung, nie.

▷ Ich habe nicht den Wunsch, mit etwas anderem als reiner Schönheit in Berührung zu kommen. Ich bin eins mit Vollkommenheit, jetzt. Ich sehe, daß Krankheit, Mangel und Alter nur Abwesenheit von Freude sind, und ich nehme nun Kontakt zu der jedem Wesen innewohnenden Freude und Liebe auf.

▷ Ich weiß, daß in mir gestärkt wird, was ich an anderen wahrnehme. Deshalb bringe ich mich in Kontakt mit Jugend, Lauterkeit, Vollkommenheit und Schönheit. Ich trete mit nichts anderem als mit universeller Harmonie und Weisheit in Übereinstimmung.

▷ Ich bin hier, um inneren Frieden zu entwickeln und diese Eigenschaft auszustrahlen, so daß sie andern zugänglich wird. (S)

▷ Ich erfahre Wachstum ab jetzt auf positiven Wegen und nicht mehr durch Schmerz und Kampf.

▷ Es herrscht kein Mangel, sondern Fülle. Deshalb sind Machtkämpfe und Konkurrenz unnötig. Ich weiß, daß die innere Welt bedeutsamer ist als die äußere, und ihre Gesetze erschließen sich mir jetzt.

▷ Aller Glaube an Mangel ist lediglich eine kollektive Gedankenform, und aus dieser klinke ich mich jetzt aus und unterliege ihr nicht mehr.

▷ Ich sehe Fülle auf der geistigen Ebene. Das Göttliche ist die Quelle meiner Fülle, und der universale Reichtum ist mein. (P)

Ehrlichkeit stärken

Es ist besser, manchmal Wut zu fühlen, als sie immer nur zu unterdrücken. Doch sollten wir unser Herz nicht wissen lassen, daß wir wütend sind. Bleiben wir Beobachter und denken »Licht«, »Dein Wille«, ungeachtet dessen, was uns sonst noch an Gefühlen überfällt. Es wird jede Streitigkeit auf gute Weise beeinflussen, auch Hader mit uns selbst. Wir sollten nicht kritiklos alles automatisch unter den Teppich kehren, sondern wirklich fühlen, was da ist, und dann unserem innersten Kern, dem Bewußtsein und dem Herzen, vertrauen.

Am besten können wir unser Herz reinigen, wenn wir uns nicht von der Welt zurückziehen, sondern mitten im Leben stehen:

▷ Ich gebe jetzt jede Furcht vor Betrug und jedes Mißtrauen auf.
▷ Alles, was wirklich wahr ist, wird im Schweigen empfangen.
▷ Ich vertraue der innersten Stimme in mir, meiner Essenz, meinem göttlichen Wesenskern, und erkläre mich bewußt damit untrennbar verbunden.
▷ Ich bin ehrlich und vertraue dem Leben/Göttlichen.

Wunder kreieren

Wir können uns jederzeit infolge unseres freien Willens zu dem Experiment entschließen, an Wunder zu glauben – einfach indem wir diesen Gedanken in uns willkommen heißen und ihn dann durch Bejahen nähren. Das ist ganz unabhängig von unserer momentanen Gefühls- und Wahrnehmungslage möglich. Die Gedanken sind frei!

Wer sich erst einmal zu diesem Über-die-Grenzen-Gehen entschlossen und auch nur ein einziges solcher Wunder erlebt hat, für den existieren grenzensetzende Vorbehalte sowieso nicht mehr, und er weiß, daß Wunder einfach ganz normale Vorgänge sind, die auf Gesetzen beruhen, die wir (noch) nicht so recht verstehen.

So überrascht es gewiß nicht, wenn wir erfahren, daß das Vertrauen in und das Wissen um Wunder eine äußerst erfolgreiche Methode ist, unser Scheitelchakra, das siebte Siegel, zu aktivieren und uns für die neuen, noch darüberliegenden Bewußtseinsebenen, die nun auf die Erde kommen, bereitzuhalten. Als Kollektiv sind wir wohl dabei, eine Integration all dessen, was wir bisher als Menschheit auf der Erde gelernt haben, und nicht nur auf bewußter Ebene, auf neuer Stufe zu erleben.

Ich weiß nicht, ob es richtig ist, sich das Wirken dieses integrativen Wissens in einem immerhin geradlinig gesehenen achten Chakra (und höher) vorzustellen, denn diese achte Ebene bringt die Inhalte der ersten bis siebten Chakren in eine Balance. Das zeigt sich vielleicht in Wirklichkeit als ein Kreis oder eine Spirale von sieben Stufen, deren Zusammenkommen gerade diese neue achte Ebene möglich macht. Auf der achten Stufe werden wir Wunder verstehen und besser als bisher damit umgehen können, da unsere gewöhnliche menschliche Energie dann dauerhaft mit den höheren Kräften verbunden ist. Das, was sogenannte Weise anderen voraushaben, ist dann Allgemeingut aller Menschen.

Durch Anerkennen und Bejahen wird diese Wunderkraft oder dieses Wunder-Bewußtsein aktiviert und gestärkt. Akzeptieren wir diese überbewußte Ebene in uns, dann kann sie »durchkommen« und in unserem Leben wirken.

Wie können wir dem Ausdruck geben? Für neue Sachverhalte fehlen uns oft die Worte, oder wir wissen zu wenig darüber. *Bestätigen* wir die Macht dieses Zentrums, die in uns und durch uns wirkt. Es gibt viele Namen für sie. Wir können uns immer die Benennung aussuchen, die uns augenblicklich am meisten gerecht wird. Wir können Betrachtungen anstellen über das Licht, das unendliche, universelle oder universale Bewußtsein, die göttliche Ordnung oder Intelligenz, die Seele, das höhere Selbst, die innere Stimme oder Intuition, das Christusbewußtsein, den inneren Weisen, das wahre, innere Selbst oder den göttlichen Funken in uns. Die aus diesen Betrachtungen sich ergebenden Affirmationen können wir auch aufschreiben oder als Bilder in uns halten beziehungsweise dazu malen:

▷ Ich bin.
▷ Es lebt in mir (das Numinose, Ewige, Göttliche).
▷ Jesus Christus! (Eine ungeheuer kraftvolle Evo- wie Invo-kation.)
▷ Ich darf einfach sein!
▷ Ich bin Teil der göttlichen Quelle und des Universums rundum.
▷ Ich habe die Kraft des Universums in mir.
▷ Ich bin frei.
▷ Ich liebe.

Durch solche Anrufungen geschehen Heilungen un\
wir sie nicht durch gleichzeitige diametral entgegeng\
kenformen neutralisieren und damit ihre Realisatio\
Es ist auch eine gute Methode, Streitereien, bei denen w\
fühlen, zu beenden, indem wir innerlich das Licht anru\
auch im anderen sehen. Der Streit löst sich! Es wird uns le ...glich die
ersten Male etwas gegen den Strich gehen, nicht mehr recht haben
zu müssen und uns auch nicht zu verteidigen, sondern verständnis-
voll zuzuhören und dem anderen akzeptierend zu erlauben, seinen
Dampf abzulassen, während wir die höheren Kräfte anrufen. Sol-
ches Bereitsein für andere wird die Dinge entkrampfen, und irgendwann einmal kommt auch für uns die Gelegenheit, unsere Argu-
mente anzubringen. Oder es ist gar nicht mehr nötig. Die Atemübungen mit dem Zentrum der Magengegend werden es uns erleichtern, gegen unsere alteingefahrene Egoschiene erfolgreich anzu-
kommen. Allerdings wird dieses Vorgehen nicht mit allen Menschen möglich sein; unsere weise Kraft der Unterscheidung ist also
gefragt. Wer für wahrhafte Kommunikation noch nicht reif genug
ist, von dem sollten wir uns sobald wie möglich entfernen, und zwar
ohne zu kämpfen. In den anderen Fällen wird es manchmal etwas
dauern, und es bedarf des Wissens, Glaubens, Spürens und der
Gewißheit, daß wir geführt werden, damit das Wunder der Verständigung geschieht. Es können sich dabei sogar überraschende
Ergebnisse zeigen. Das Anerkennen von scheinbar Unmöglichem
sprengt unsere Grenzen und verstärkt so unser Wachstum.

Der Aufstieg in andere Energieebenen, den wir uns so sehr wünschen, bedeutet auch, eine heilsame Wirkung auf andere zu haben,
und zwar fortwährend bei jeder Begegnung:

▷ Universelle Substanz, ich bitte dich in mein neues Zellbewußtsein. Komm in mein(e) ... (Leben, Sein, Unterbewußtsein, Jugend,
Kindheit, Gegenwart, früheres Leben, Beziehung ...), und bringe
dein weißes Licht dort hinein, damit sich alles Üble auflöst, damit
geheilt, vergeben, gereinigt und losgelassen werden kann.
▷ Ich vertraue dem Göttlichen, den Menschen, den Tieren und
Pflanzen sowie allen Dingen und Situationen.

. vertraue mir, dem göttlichen Licht in mir, dem Christus. (P) Ich vertraue auch den mir bis jetzt noch unbekannten inneren und äußeren Ebenen des Seins, und ich bin verbunden mit dem weißen Licht der göttlichen Schöpfung.

▷ Ich bejahe und akzeptiere das Wunder einer vollständigen Lösung meiner Angelegenheiten durch die universale unerschöpfliche Substanz und glaube an Reinigung und Befreiung für alle Beteiligten.

Erfahrungen aus früheren Leben verarbeiten

Sind wir bei unseren Atem- und Reinigungsbestrebungen an einen Punkt angelangt, an dem sich uns unsere Geburtserfahrungen oder gar vorgeburtliche Erlebnisse zeigen, kann es passieren, daß wir überwältigt sind. Wir können in »vergangenen« Schmerzen, Schuldgefühlen und Hilflosigkeitsempfindungen hängenbleiben, die dann unser gegenwärtiges Leben vergiften und uns sogar manchmal an den Rand oder in eine tatsächliche Neurose oder gar Psychose bringen. Deshalb sollten solche Situationen, wenn möglich, nur mit einem erfahrenen Begleiter geklärt werden.

Alle diese Verstrickungen sind selbst produziert, auch wenn es den gegenteiligen Anschein hat. Wir tragen in uns diese göttliche Schöpferkraft, die sich nicht geradlinig, sondern von einem Urzentrum aus allseitig entfaltet und für deren unzweckmäßigen, unbewußten Gebrauch wir die Verantwortung haben, ob wir wollen oder nicht. Wegen dieser ungeradlinigen, gleichzeitigen Aus- oder Verbreitung der Schöpferkraft sind Vergangenheit, Gegenwart und Zukunft eins und laufen sogenannte frühere Leben gleichzeitig mit unserem Normalleben ab. All diese synchronen Erfahrungen bei jener sphärisch-konzentrischen Entfaltung machen das Numinose im Außen möglich, das wir so lieben und dem wir nachjagen. Es impliziert ganz selbstverständlich auch die Gegenseite, das weniger Lichte. Begegnungen damit sind gar nicht beliebt, und wir projizieren das Dunkle allzu gerne auf einen passenden oder ganz und gar ungeeigneten Freund oder Feind, statt es durch liebevolle Akzeptanz auflösend in uns zurückzunehmen. Wobei selbstredend auch wahr ist, daß es im Gegenüber ebenso wirkt und wir auf die

Kapazität unserer Erlösungsfähigkeit achten müssen. Manche Schatten, besonders die kollektiver Art (der sogenannte Shaitan oder Teufel), sind nur kollektiv auflösbar. Beide gehören zusammen; das Lichte und das Dunkle sind die beiden Seiten einer Sache, für die wir noch kein Verständnis und daher auch keine richtige Bezeichnung besitzen und die wir meist pauschal das Unsichtbare nennen.

Es ist durchaus möglich, bei solchen Versuchen, unser multidimensionales Wesen zu untersuchen, »besessen« zu werden. Ich spreche aus eigener Erfahrung. Unsere auferstehenden Projektionen aus sogenannten früheren Leben, aus immerfort zwanghaft wiederholten negativen Gedanken, können uns durchaus ver-rückt machen, übrigens genauso wie Gotteserfahrungen. Was für das Ego zuviel ist, ist eben zuviel. Es gibt keine Besessenheit. Und doch kann sie uns widerfahren – wenn wir von Besessenheit besessen sind. Oder wenn wir allzu blauäugig leben. Wenn ich hier die Ansicht vertrete, daß wir bei der Auferstehung unserer jahrtausendealten Schatten allzu leicht meinen, sie bei anderen zu sehen, und daß wir die Verantwortung für sie und ihre Auflösung übernehmen müssen, so heißt das nicht, daß wir nicht gerade auch durch diese Auferstehung Situationen und Menschen anziehen, die uns diese Schatten widerspiegeln, weil sie selbst in ähnliches verstrickt sind. Wir können auf der Suche nach dem Wunderbaren Gurus in die Hände fallen, die uns mit Unaufrichtigkeit und anderem Dunklen konfrontieren – unbewußt. Wenn wir dabei nicht vergessen, daß dieselben Schatten auch in uns selbst wirken, dürfen wir ruhig Konsequenzen ziehen und diese Unaufrichtigen verlassen oder entlarven, je nach Kraft und Weisheit.

Woran wir glauben, worauf wir unsere Aufmerksamkeit richten, dahin geht unsere Lebenskraft. Beherrschen wir Gedanken und Gefühle in der rechten Weise, kann nichts im Kosmos uns etwas anhaben. *Wir* entscheiden immer, worauf wir uns einlassen, bewußt oder unbewußt. Je bewußter es geschieht, desto mehr Spaß macht es, und desto sinnvoller ist es für uns.

Glauben wir nicht an die Erzählungen über Horrorerlebnisse in früheren Leben, ebensowenig wie wir an die Unvermeidbarkeit von

Leid und Krieg glauben sollten. Was nicht heißt, daß es üble Reinkarnations- oder überhaupt unzweckmäßige Therapieerfahrungen, Leid und Krieg nicht gibt. Doch lenken wir die Aufmerksamkeit davon fort, werden sie sich früher oder später auflösen. Wir Menschen werden eines Tages keinen Schatten mehr haben, und jede Besessenheit ist auflösbar. Auch der Krieg ist nur ein Teil unseres kollektiven Unbewußten, unseres Menschheitsschattens. Richard Bach sagt in seinem Buch *Die Möwe Jonathan*, daß das Kennzeichen unserer Unwissenheit die Stärke unseres Glaubens an Ungerechtigkeit und Unglück ist.

Sagen wir also stets nein zum üblen Anschein, wie es Catherine Ponder so eindrucksvoll in ihren Büchern empfiehlt, in Büchern, die ein Ausdruck ihres Lebens und Handelns sind:

▷ Ich erlaube jetzt die Stimulation meiner Kreativität, ohne verborgene Schwierigkeiten oder Streß hervorzurufen.

▷ In meiner geistigen Suche komme ich nicht an einen Punkt, an dem das Unsichtbare mich auf eine unproduktive Weise festhält (bei Past-life-Erfahrungen, von denen wir schwer loskommen).

▷ Wenn ich eine innere Öffnung erfahre und meine Aufgabe erkenne, so ist das kein Augenblick, in dem ich nicht manifestieren könnte, was erforderlich ist. (V)

▷ Ich habe immer die Kraft, alle mir auf der Seelen- und Monadenebene gestellten Aufgaben zu bewältigen.

▷ Kein destruktiver Prozeß hält mich von der Hingabe an meine Lebensaufgabe ab.

Fremdes, außerirdisches Bewußtsein

▷ Es gibt keine innere Invasion. (V)

▷ Ich bin jetzt fähig, alle innerenergetischen Bewußtseinsänderungen zu regulieren, die durch kosmische Berührungspunkte in mir entstehen könnten. (V)

▷ Die spirituelle Brücke, mit der ich verbunden bin, bedeutet keinen zerstörenden Einfluß auf meine Lebenskraft, jetzt. Sie ist weder manipulativ noch terrorisierend. In mir ist die Fähigkeit des harmonischen Verbindens. (V)

▷ Die Verbindung zur spirituellen Ebene, die sich jetzt für mich vollzieht, zerstört in keiner Weise meine physischen, emotionalen und mentalen elektromagnetischen Prozesse in meinem Vitalsystem.

▷ Der kreative Prozeß in mir geht weiter. Meine Evolution ist durch keinerlei Ereignisse gestört, ihre Kontinuität bleibt von nun an gewahrt.

▷ Meine göttliche Verbindung ist nicht derart, daß regelmäßig meine Lebenskraft beeinträchtigt ist.

▷ Ich sehe nun jede Art von außerirdischem Bewußtsein als das, was es ist, auch, wenn es verschieden von mir ist. Ich weiß, daß es das Böse in der Art, wie ich es bisher verstanden habe, nicht gibt, daß alles in der Existenz letzten Endes berechtigt ist, einfach, weil es existiert. Ich aber habe stets die Wahl, mich darauf einzulassen oder nicht. Mit meiner Herzverbindung kann mir nichts passieren. (V)

Vor-Lemurien

▷ Das Wahrnehmen des Gesamtplans und der kosmischen Gesamtstruktur wird nicht durch Machtspiele unterbrochen oder gefährdet. (V)

▷ Mut, Weisheit und Liebe sind durch die Herzverbindung gewährleistet. (V)

▷ Ich gebe jetzt mein uraltes Glaubensmuster auf, daß etwas passieren wird, das Verteidigung nötig macht. Nun vertraue ich tief in meine erweiterte Herzverbindung, damit sich dieses tief kollektiv verankerte Muster auflösen kann. Ich breche jetzt aus diesem Zirkel aus, daß ich aus Angst vor Überfall überfallen muß. (V)

Lemurien

▷ Ich gebe meinen Glauben an Isolation auf.

▷ Die momentan stattfindende Verbindung zur Mitschöpferebene ist kontinuierlich. Ich wähle, meinen persönlichen alten Standpunkt aufzugeben für einen mehr kollektiven Standpunkt höherer Art. Ich weiß, daß ich dabei meine Individualität nicht verliere, doch einen erneuten Fall vermeide.

Atlantis

▷ Keine Experimente können mir schaden. Mit meiner Herzverbindung zum Licht bin ich sicher und stark. (V)

▷ Ich erkläre meine karmische Verbindung zum Tierreich als gelöst. Mir ist verziehen, und ich verbinde mich dorthin mit meinem Herzen, jetzt. (V)

Ägypten

▷ Ich muß meinen Körper nicht mehr sinnlos verlieren.

▷ Ich weiß jetzt, daß alles, was meine Furcht gebiert, wirklich wird. Jetzt entscheide ich mich, diese Furcht als Illusion zu durchschauen. Ich löse alle Reste von solchen Erlebnissen auf. Keine Überwältigung kann mehr geschehen. Ich bin mit dem Herzen mit der neuen Ebene verbunden. (V)

Generelle Erderfahrungen

▷ Ich erkläre nun alles Karma für beendet. Mir sind die Erfahrungen aus meiner Vergangenheit jetzt bewußt, und ich bereue tief alle unnützen Handlungen. Ich verzeihe, und mir ist verziehen. Weisheit führt mich nun. Mein kosmisches Gutes kommt zu mir, jetzt, und ich bin verbunden mit der Herzebene und weit offen für dies Gute.

▷ Ich entscheide mich jetzt für eine einzige geistige Herkunft, und zwar die, deren höchstes Bewußtsein mit Liebe und kosmischem Gewahrsein sowie mit meiner Evolutionslinie zusammenhängt.

Tod und Angst überwinden

▷ Im Vertrauen auf das Christusbewußtsein gebe ich mich entspannt allen Etappen meines Lebens hin. Ich weiß, daß der Tod eine Tür in eine andere Dimension meiner selbst ist, und ich überlasse mich jeglichem Veränderungsprozeß in Liebe.

▷ Ich erlaube Veränderung und lasse los.

▷ In Dankbarkeit sehe ich den Sinn von Abschiednehmen und bin geschützt im Universalen, jetzt.

▷ Ich erlaube Sterben von Ebenen in mir auf eine Weise, die mich befreit und schützt.

▷ Meine Angst übergebe ich zurück in die universale Substanz, damit sie dort aufgelöst werden kann und etwas Neues, Vollkommeneres aus ihr erschaffen wird.

▷ Dankbar nehme ich Veränderung an im Wissen, daß ich ewig bin und im Licht.

▷ Ich lebe zufrieden und erfüllt, in Ruhe und Sicherheit, was immer und wo immer ich bin. Ich bin ein Kind des Lichts, und meine wahre Essenz kann nie und nimmer verlorengehen.

Emotionale Gewalt und Schmerz heilen

▷ Jeder Art von Gewalt und meiner Angst davor setze ich meine Nein-Kraft entgegen. Ich vertraue auf göttliche Geborgenheit.

▷ Meine Heimat ist das Göttliche. Dort ist Gewalt unmöglich.

▷ Verbunden mit der universalen Liebe und Weisheit bin ich vor jedem mir nicht zuträglichen Gedankengut geschützt. Göttlicher Wille kristallisiert sich um mich.

▷ Emotionale Gewalt von anderen ziehe ich nun nicht mehr an, denn ich ruhe im Licht der göttlichen, universalen Liebe und Essenz, meiner Evolutionslinie.

▷ Ich weiß, daß jeglicher Schmerz nur eine Vorstellung ist, die aus zusammenziehenden, negativen Gedanken herrührt. Ich weite mich in die göttliche Liebe aus, unterstütze andere im positiven Gebrauch ihrer Fähigkeiten und nehme von allem Negativen in mir und um mich Abstand im Wissen, daß alles Üble sich letztendlich von selbst zerstört.

▷ Göttliche universale Kraft, nimm alles Üble und allen Schmerz, alle Mißgunst und die Auswirkungen negativer Gedanken von mir. Ich übergebe mich göttlicher Gerechtigkeit.

▷ Ich weiß, daß aller Schmerz und alles Übel nur die Auswirkungen unseres Glaubens an Ungerechtigkeit sind. Ich lasse die universale Auflösungskraft jetzt wirken und übergebe alle meine unzulänglichen Vorstellungen zur Reinigung an die universale Substanz.

Die Macht des Göttlichen annehmen

▷ Ich bin die Flamme, nicht die Reibung.
▷ Ich lebe meine Essenz; ich bin das höhere Selbst.
▷ Ich erlaube der höheren Weisheit, meine alten Macht-Ohn-macht-Vorstellungen aufzulösen, jetzt.
▷ Nun bin ich bereit, göttliche Macht zu leben.
▷ Wenn mich Aggression und Rechthabenwollen erfassen, begebe ich mich in den Schoß der göttlichen Weisheit. Ich bin nun befreit von allem Machtmißbrauch und bewege mich im universalen Licht.
▷ Die göttliche Weisheit zeigt mir jetzt den positiven Gebrauch von Macht in allen Beziehungen und in allen meinen Angelegenheiten.
▷ Göttliche Weisheit der Unterscheidung, zeige mir nun, wo ich abwarten soll und wo ich konfrontieren und vorangehen kann.
▷ Ich entscheide mich für die gemeinschaftliche Mitschöpferebene in allen Bereichen, jetzt.

In Selbständigkeit und Selbstbestimmung leben

▷ Ich darf sein.
▷ Ich erlaube mir jetzt, frei von Fremdbestimmung zu sein.
▷ Mit göttlichem Beistand führe ich mein Leben in allen meinen Angelegenheiten.
▷ Ich bin frei, ich sorge für mich. Ich liebe mich, ich bin in Ordnung, so wie ich bin. Ich darf anders sein.
▷ Es ist in Ordnung, ein sexuelles Wesen zu sein.
▷ Ich vertraue meiner inneren Stimme. Sie sagt mir, was für mich gut ist.
▷ Ich werde gesehen und gehört und kann mich frei ausdrücken, ohne andere zu verletzen.
▷ Ich bin frei von Angst und sicher. Ich bin verbunden mit der universalen Essenz.
▷ Ich vermag Grenzen zu ziehen, mich durchzusetzen und im Vertrauen auf mein göttliches Recht zu sein.

Mann-Frau-Beziehungen, Polaritäten harmonisieren

▷ Mein Selbstverständnis als Individuum/Frau/Mann erweitert sich zu einem höheren Konzept, jetzt.

▷ Es gibt kein süchtigmachendes, unbewußtes Denkmuster mehr in mir, das meine Wahrnehmung der wirklichen, kosmischen Realität als Frau/Mann beeinträchtigt. Ich entlasse alle meine Erwartungen. Ich akzeptiere Anderssein in Liebe. Ich bin vollkommen klar, jetzt.

▷ Ich weiß nun, wer ich bin.

▷ Ich kann nun meine Kräfte/Gefühle von denen anderer unterscheiden und brauche nicht mehr zu *re*-agieren. Ich agiere aus der Unabhängigkeit und Selbständigkeit meiner Seelenverbindung heraus.

▷ Jedes Mißverstehen meiner Kraft ist nun beseitigt. Ich gehe vorwärts im göttlichen Wissen um alle meine Kräfte.

▷ Alle energetische und psychische Konfusion über meine Kraft ist vorüber. Ich bin nun stets in ihr. Die Verbindung zur höheren Schwingung ist jetzt aktiviert und arbeitet bereits in vollkommener Art. Alle Emotional- oder Mentalkörperkristallisationen über meine Identität sind restlos aufgelöst. Ich weiß, wer ich bin.

▷ Kein struktur- und identitätszerstörender Zusammenstoß erfolgt mehr, wenn ich nun in meiner Entwicklung vorwärtsschreite! Meine Fähigkeit zum Vorwärtsgehen in Beziehungen ist jetzt voll entwickelt.

▷ Ich kann und muß nicht immer jedermanns Erwartung erfüllen. Ich verliere jetzt alle Schuldgefühle. Ich bin gereinigt und weiß, daß ich das Richtige tue, um verbunden zu sein. Meine eigenen überspitzten Erwartungen sind geheilt, jetzt.

▷ Meine dynamische, männliche Kraft, mein Wille verbindet sich mit dem Verständnis der weiblichen Intuition und Herzenergie.

▷ Ich bin fähig, mit meinem Partner zu kommunizieren, ohne die vertrauensvolle Verbindung mit dem Kosmischen zu verlieren.

▷ Ich bin nicht allein verantwortlich für die Reinigung kollektiver Bereiche, die globalen Mann-Frau-Beziehungen beispielsweise. Es gibt jederzeit die Hilfe von anderen. Es ist in Ordnung und vorteilhaft, gemeinsam zu wirken.

▷ Ich sehe meine eigenen übersteigerten Erwartungen über mich selbst und andere nun realistischer und durch den Spiegel meiner Herzenergie. Ich akzeptiere mich so, wie ich bin.

▷ Ich lasse alle Erwartungen gehen und nehme Situationen mit dem anderen so, wie sie sind.

▷ Ich anerkenne andere. Und auch ich bin gut genug.

▷ Ich verhandle mit dem anderen als Partner, jetzt.

▷ Mir wird nun gezeigt, was meine Grundenergie ist.

▷ Es gab mit meiner Geburt als geistiges Wesen keinerlei Verwirrungsmuster, die mich von der klaren Verbindung zur Erde abhalten. Ich bin als weibliches/männliches irdisches Wesen klar und fest mit meiner Seelen- und Monadenebene verbunden.

▷ Ich lasse alle meine Erwartungen gehen, die mir sagen, ich muß es allein machen.

▷ Ich trete in eine partnerschaftliche Verbindung mit anderen ein und löse alle diesbezüglichen Mißverständnisse auf.

▷ Ich bin jetzt wirklich gewillt, einen Kontakt mit der männlichen/weiblichen Energie in mir anzuknüpfen, auch wenn ich vielleicht Angst davor habe. Ich gebe mich vertrauensvoll der Führung meiner Seele/Monade hin.

▷ Ich sehe Frauen/Männer ebenfalls als Licht und nicht mehr als Konkurrenten. Alles ist innen und außen in vollkommener, kosmischer Balance.

▷ Ich erlaube nun den Kontakt zwischen polaren Energien, innen und außen.

▷ Ich gebe meine Ansichten über den Polaritätsbereich auf (Beziehungen sind nun mal schwierig, Männer sind gewalttätig und machthungrig, Frauen nutzen Männer immer nur aus, Männer wollen immer nur Sex und dergleichen).

▷ Ich erfülle den Frau-Mann-Bereich nun mit liebevollen Gedanken. Ich gebe mit göttlicher Hilfe jeden Gedanken daran auf, daß sich Männer/Frauen automatisch betrügen. Ich verlasse mich auf meine Herzenergie.

▷ Ich gebe jede Furcht vor Betrug auf in göttlichem Vertrauen.

▷ Ich erlaube diese spirituelle Frau-Mann-Verbindung jetzt ohne jede Erwartung und ohne Mißtrauen.

▷ Ich übernehme die Verantwortung für meine Kreationen in Beziehungen.

▷ Ich anerkenne meine Selbständigkeit im Zusammenleben mit dem Partner. Ich muß nicht mehr abhauen.

▷ Ich kontaktiere meinen kosmischen Gesichtspunkt und erlaube mir dadurch eine offene Kommunikation mit dem Partner. (Butler)

▷ Ich gebe nun alle Illusionen über Partnerschaft/Beziehungen auf. Ich bin imstande, durch die verschiedenartigen Spiegelfunktionen hier in meinem Leben meine wahren Glaubenssätze zu erkennen.

▷ Ich anerkenne die Göttlichkeit in mir, lasse vertrauensvoll die Göttin/den Gott leben. Mit der daraus resultierenden Freude und Verantwortung gelingt Kommunikation besser.

▷ Ich erkläre mich bereit, das göttliche Paar zu leben und leben zu lassen.

▷ Ich habe als Frau/Mann die Kraft, die gefährlichen Gedankenmonster alten unbewußten Verhaltens jetzt abzulegen, und zwar bis in fernsten Vergangenheiten und Daseinsebenen hineinreichend. Meine Mitmenschen, meine Lebenspartner und die Umwelt bieten mir dabei die vollkommenste Unterstützung. Im Vertrauen auf die Leitung meiner Seele/Monade danke ich für Erfolg in individueller und globaler Umwandlung.

Ich bin eine Frau – zumindest möchte ich eine wirkliche Frau werden –, meine Affirmationen sind daher sicher ein wenig vom Frauenstandpunkt, von meinen Lebenserfahrungen als Frau, gefärbt. Trotzdem habe ich mich bemüht, wo es geht, für beide Geschlechter zu formulieren. Ich überlasse es den Männern, »ihre« speziellen kreativen Sätze beim Lesen herauszufinden. Beim momentanen Stand unserer Frau-Mann-Beziehungen ist wohl jeder Mann für eine Frau noch ein »weites Feld« und umgekehrt. Das wird sich jedoch bald sprunghaft ändern.

Ich empfinde es inzwischen als Freude, eine Frau zu sein. Wir Frauen hatten wegen der gesellschaftlichen Umstände der letzten Jahrtausende, der Vorherrschaft männlichen Denkens, mehr Druck auf unserer Entwicklung. Aus diesem Grund und auch wegen unserer Gabe der Intuition mag uns die kommende Umstellung leichter fallen. Wir haben die Möglichkeit, eventuell sogar die Verantwortung, beim Ausgraben männlicher Gedankenstränge zu helfen, bestimmt aber den guten Willen. Die Männer mögen dies aus den verschiedensten Gründen jedoch durchaus nicht immer als Hilfe empfinden. Wir Frauen müssen Verständnis dafür haben – und brauchen trotzdem nicht aufzugeben. Frauen wie Männer sollten darauf vertrauen, daß eine Balance möglich ist:

▷ Die Klarheit wahren Sehens und Handelns ist in mir, jetzt.
▷ Ich spüre deutlich die innere Stimme, die Göttin/den Gott in mir, anerkenne sie/ihn, und vertrete sie/ihn auch nach außen hin.
▷ Ich gebe jetzt den alteingewurzelten Glauben auf, daß die Beziehung zwischen den Geschlechtern schwierig ist. Ursprünglich war sie als verbindende Grundlage der Kreativität gedacht und gelebt, und ich finde nun zu dieser Lebensweise theoretisch und praktisch zurück. So ist es!
▷ Göttin und Gott verbinden sich nun in mir und in allen meinen Beziehungen und Angelegenheiten. Integration findet statt, und ich unterstütze sie bewußt. Freudig und dankbar nehme ich diese Rückverbindung entgegen als mein unveränderliches Geburtsrecht als geistiges Wesen. Alle Verwirrung über Polaritäten und alle Unterdrückung unter den Geschlechtern hat nun sein Ende gefunden, auf allen Ebenen. So ist es!
▷ Ich weiß, daß Loslassen und Grenzensetzen zur Liebe gehören, und mit göttlichem Beistand vermag ich beides mit Freude und Leichtigkeit zu tun.
▷ Ich gebe die Angst auf, verlassen zu werden, und ich gebe die Angst auf zu lieben.
▷ Freiheit und Bindung sind keine Gegensätze, bessere Wort dafür sind Kreativität und Liebe.
▷ Ich gebe mich hin. Ich liebe.
▷ Ich verbinde meine Sexualität jetzt mit meinem Herzen.

Die Erde heilen

Die Zahl der Menschen, die in sich eine seltsam zwingende Verpflichtung spüren, hinter ihre bisherigen Vorstellungen von Gott und der Welt zu gelangen, ist in den letzten Jahren enorm gewachsen, und sie vergrößert sich ständig. Doch für viele geht es heute bereits nicht mehr nur um sie selbst, sondern um die Erde.

Wenn es oft auch schwerfallen mag, Konkretes für einen besseren Planeten zu leisten – die Widerstände sind häufig noch zu zahlreich –, so ist es jedoch möglich, die Erde und ihr Wohlergehen klar im Denken zu halten, und zwar diszipliniert jeden Tag. Das reinigt uns selbst immer weiter und baut eine energetisch heilsame Brücke zum Planeten auf, die auf lange Sicht ganz konkrete Möglichkeiten kreieren wird, Schädliches in unserer Umwelt abzuschaffen und durch Angemesseneres zu ersetzen.

Nutzen wir diese Form der Verbindung mit unserer Erde. Sie kostet uns täglich nur einige Minuten. Unsere gütigen Gedanken nützen ihr bestimmt. Wir können solche Verbindung außerdem bei jeder beliebigen Zusammenkunft mit Menschen erbitten, sie wird dann noch intensiver sein können, auf jeden Fall wirksamer als sorgenvolle Gedanken über Erde und Zukunft:

▷ Ärgerenergie aus dem Kollektiven überwältigt mich nicht mehr. Ich lege die unnützen Muster der Hilflosigkeit und Selbsterniedrigung und des Nicht-dazu-Gehörens nun ab.

▷ Ich gerate nicht mehr automatisch in die negativen Felder des Massenbewußtseins, sondern stimme mich stetig in seine Integrations- und Harmonisierungsenergie ein, jetzt.

▷ Meine Verbindung zu anderen ist jetzt partnerschaftlich-kooperativ. Ich gebe jegliches zwanghafte Konkurrieren zugunsten gegenseitiger Unterstützung auf.

▷ Ich lebe kosmische Fülle, nicht Mangelbewußtsein. Unser gemeinsames kosmisches Gutes fließt uns nun zu, mir, den andern und der Erde. Wir sind weit offen dafür und danken für alle diese guten Gaben.

▷ Ich erlaube nun meine energetische Verbindung zur Erde.

▷ Ich gestatte die sanfte Auflösung aller diese vollkommene Verbindung störenden Faktoren auf Individual-, Kollektiv- und Planetarebene.

▷ Mein Krisenbewußtsein wandelt sich jetzt. Ich gebe jede Anhaftung an globales und persönliches Unglück auf und begrüße jegliche Wandlung als Tor zu etwas Vollkommenerem. Ich lasse die Integrations- und Harmonisierungskraft wirken.

▷ Ich gebe Streit und jedes Gefühl der Getrenntheit im konventionellen Sinne auf. Ich anerkenne jeden, setze den Akzent auf das Verbindende und komme so zu verblüffenden, völlig neuen und wirklich kreativen Lösungen, global und persönlich, jetzt.

▷ Ich gebe jeden Glauben an Trennung auf in dem Bewußtsein, daß wir eine Lösung der anstehenden Weltprobleme nur gemeinsam erreichen. Ich erlerne nun die schwierige Kunst, Differenziertheit zu erlauben und mich trotzdem nicht zu verlieren.

▷ Es geht mir um eine Lösung für alle, nicht nur für einige wenige.

▷ Ich weiß, daß Größeres nur durch Größeres zu erreichen ist, und schließe mich daher mit den grenzüberschreitenden höchsten Kräften in jedem Menschen zusammen. Bei jedem Zweifel wandle ich diese Energie sofort um und fühle, wie ich geliebt werde und Harmonie bin und bekomme.

▷ Ich habe die Kraft und das Wissen, alle notwendigen Änderungen durchzusetzen. Mein Handeln erfolgt aus der Klarheit des Wissens heraus, aus der Verbindung mit der Herzenergie und in Zusammenarbeit mit der Erdweisheit.

▷ Ich ziehe nun klare, herzoffene und bewußte Menschen an.

▷ Mich leiten bei allem Tun Weisheit und unterscheidende Liebe.

▷ Natur erschließt sich mir in ihren tieferen Ebenen, jetzt.

▷ Ich respektiere das spirituelle Recht einer jeden Nation, jedes Stammes und jedes Menschen, auf dieser Erde angemessen zu wohnen.

▷ Mein Bezug zur Erde und zu anderen tritt nun in einen größeren Rahmen. Ich finde jetzt meine eigene Verbindung zur Erde und zu allem, was ist, und übernehme Verantwortung für mein Leben hier.

▷ Ich höre auf, das stagnierende patriarchalische System zu unterstützen, sondern besinne mich auf meine Wurzeln, das heißt auf die Erdspiritualität. Ich erkläre mich jetzt als mit diesen Wurzeln verbunden und vertraue fest auf die Impulse, die mir von dieser Verbundenheit her zugehen.

▷ Ich höre auf zu kritisieren und so die globale Krankheit zu verstärken. Ich verbringe meine Zeit ab jetzt damit, neue Umgangsformen mit der Erde und mit anderen durch Intuition und Einfühlung sowie durch zielgerichtetes klares Handeln zu erspüren und zu verwirklichen.

▷ Mir ist bewußt, daß ich nicht nur während meines Lebens für die Erde verantwortlich bin, sondern für alle kommenden Generationen.

▷ Ich höre mit dem Auslaugen der Erde auf, für das auch ich verantwortlich bin, damit das Gleichgewicht in der Natur wiedererstehen kann.

▷ Ich gebe jetzt, statt von der Erde zu nehmen. Ich respektiere den Ort, an dem ich lebe.

▷ Ich habe jetzt den Mut, an Reinheit und allseitiger Akzeptanz auf Erden festzuhalten, auch entgegen allem äußeren Anschein.

Das Denken der Göttin entwickeln

Gehen wir mit dem physischen Körper sanft um, wenn wir spirituell zu arbeiten beginnen, denn die Erregung des Nervensystems durch die Energiekanäle und das verstärkt zugeführte Prana können derart stark sein, daß es leicht zu einer Art Schock kommt. Dann sind viel Ruhe und Wasser notwendig, innen und außen, damit wir keine zu starke Reinigung verursachen, die das Nervensystem überanstrengt. Summen und leichtes Atmen helfen, wenn das doch einmal passieren sollte. Achten wir dabei auf Störstellen im Körper und in der Aura, und füllen wir sie mit mildem Licht (Grün, Rosa, Orange, Rotviolett).

Es ist eine Initiation, wenn wir eines Tages wirklich verstehen, daß wir »es« nicht vom andern bekommen können: *Sobald wir uns vom Urteil anderer befreit haben, halten wir Liebe und Wahrheit nicht mehr zurück!*

Folgende Fragen sind immer wieder ein guter Check-up, um herauszufinden, wo wir wie stehen:

- Bin ich mit meinem Leben zufrieden?
  Wenn nicht, wo liegt diese Unzufriedenheit genau?
  Wie kann ich das ganz konkret ändern?
  (Wir können eine Liste machen und die entsprechenden Affirmationen dem Bewußtsein einprägen.)
- Durch welchen Beitrag für die Allgemeinheit will ich hervortreten?
- Wie ist meine Einstellung zu Autorität und zu Öffentlichkeit?
- Was sind hierbei meine wahren Motive?
- Ist in meinem Klärungsbemühen etwas noch unerledigt geblieben?

Wir sollten wissen, daß wir diese Fragen nur im meditativen Hinspüren einerseits, als innerem Weg, beantwortet bekommen und daß andererseits das Kommunizieren mit unseren Mitmenschen als äußerer Weg notwendig sein wird.

Was wir uns von einem Geliebten oder von geliebten Menschen wünschen, ist genau das, was wir uns selbst zuerst geben müssen, um ganz zu werden. Das macht einen Akt des Verantwortungübernehmens nötig. Verantwortlichkeit ist die Tat des bewußten Zurückgebens, Erwiderns – dem Kosmos, uns selbst und anderen gegenüber. Unsere gewohnheitsmäßigen Erwiderungen setzen die Kette des Unbewußtseins ins Endlose fort und schaffen Leid. Aus dem Verantwortungübernehmen für uns selbst entsteht eine innere Integration, und diese gibt uns Macht.

Alles Anlehnenwollen in dieser Phase ist der falsche Weg. Jegliche Abhängigkeit (an die alten gewohnheitsmäßigen Erwiderungen) hält uns in unserer selbsthergestellten Begrenztheit fest. Wir müssen sogar den Verlust der Hoffnung bewältigen, doch ohne dabei in Selbstaufgabe der alten Art zu enden.

Die Zeit der Enttabuisierung der Sexualität ist abgeschlossen. Trotzdem sind wir immer noch hungrig. Fördern wir einander nun durch seelische Unterstützung und Hilfe vom Herzen her. Diese in der Phase nach dem Aufgeben der gewohnheitsmäßigen Erwiderungen mögliche Art zu leben ist dann kein Anlehnen im alten Sinne mehr, denn es ist Austausch zwischen zwei Gleichen.

Es geschieht durch die Macht unseres eigenen Denkens, daß wir imstande sein können, eine höhere Ebene in uns zu erkennen, hervorzubringen und, was weit wichtiger ist, zu halten. Durch den Prozeß des Denkens, womit nicht unser gewohnheitsmäßiges Denken gemeint ist, sondern meditatives Erkennen, können wir unsere Körper verwandeln und entwickeln, ebenso unsere äußeren Lebensumstände und unsere Umgebung. Das geschieht auch, indem wir erkennen, daß Tod nur eine andere Art von Bewegung ist. Vielleicht sollten wir es lieber das Denken der Göttin nennen, denn es hat keinerlei Ähnlichkeit mit dem männlich betonten, analytischen Vorgang, den wir meist nur kennengelernt haben. Alles das kann geschehen einzig durch unsere Kraft und die Fähigkeit, zu visualisieren, Ideen in unserer allertiefsten Schicht zu empfangen und ihnen in aufeinanderfolgender Umwandlung der inneren Symbole von Schicht zu Schicht endlich in der für uns physischen Dimension sichtbare Form zu geben, erst in Bildern und Träumen, dann durch das Aufstellen von Zielen bis hin zur materiellen Form.

Zuerst gilt es zu entdecken, daß das Göttliche in uns selbst wohnt, dann zuzulassen, daß wir es werden, mit jeder Zelle und jedem Elektron all unserer Atome. Damit haben wir das vollkommene kosmische Kind oder das göttliche Paar, Mutter−Vater−−Gott−Göttin, die Quelle, alles das, was ist, in uns zur Welt gebracht. Wir sind wiedergeboren. Wieder einmal auf unserer ewigen Reise und in eine andere, neu zu entdeckende Dimension hinein. Auch diese Bedeutung ist in Rebirthing enthalten außer der Bedeutung, seine physische Geburt noch einmal zu erleben. Diese erstgenannte zweite Geburt bezieht sich auf unsere Unsterblichkeit, egal ob in einem einzigen oder mehrmaligen physischen oder in einem andersgearteten Körper.

Es ist uns möglich, alle Dinge in den Bereich der universalen Verstandessubstanz zurückzusenden, aus dem sie entsprungen sind. So werden sie eliminiert beziehungsweise können erneut vollkommener erschaffen werden, indem wir sie im Geist in diesem reinen Zustand eine Weile halten und so ihre Schöpfung ins Irdische, Physische erlauben. Das können wir so halten mit jedem falschen Glauben, mit veralteten Lebensbedingungen, mit Sachverhalten und sogar Menschen, die uns nicht gefallen oder schädigen, mit unseren vergangenen Leben oder was immer es ist:

▷ Ich gebe dich jetzt zurück in die universale Substanz, aus der alles hervorgeht. Zu der alles wieder hingeht und in der alles vollkommen ist und von der auch ich selbst herstamme. Ich gebe dich zurück, damit du in deiner Unvollkommenheit aufgelöst wirst in deine göttlichen Bestandteile. In göttlicher Reinheit hole ich dich von dort zurück und halte dich in dieser Reinheit in meinem Geist. (S)
▷ Ich sehe ein, daß ich früher Unvollkommenes erschaffen habe, weil ich es nicht besser vermochte, und verzeihe mir dafür. Jetzt erkenne ich die Wahrheit und bringe sie nun vollkommen hervor. So sei es! (S)

Der kosmische, göttliche Umwandler nimmt sich der Sache an, die ihm auf diese Weise unterbreitet wird, er verfeinert und verbessert. Das kann nur geschehen, wenn wir unsere Produkte durch einen bewußten Akt zurücksenden. Dazu ist eigentlich der freie Wille ursprünglich gedacht gewesen: Dinge noch vollkommener zu machen. Heute benutzen wir ihn vielfach, um Widerstand aufzubauen und Blockierungen spannungsvoll zu halten.

In dem Maße, in dem die zurückerstatteten Dinge verwandelt werden, wird auch unser eigener Körper verfeinert, hin zu Freude und Freiheit. Jeder Wunsch kann erfüllt werden. Er muß dazu in der richtigen Form ausgesprochen werden, das heißt in Kenntnis und Würdigung der kosmischen Gesetze. Das meint vor allem, daß wir die allem innewohnende bewußte Substanz bejahen. Das befreit uns von aller Trennung, die letzten Endes begrenzt und dumm macht. Jesus beherrschte diese Kunst des aner-kennenden Gebetes. Wir nennen seine selbst-bewußte und selbst-verständliche kosmische Arbeit Wunder. Selbstbewußtsein meint, seiner selbst, des Göttlichen in uns, bewußt zu sein.

Wir unterstützen uns bei unseren Schöpfungsversuchen vor allem dadurch, daß wir jeden Zweifel am Gelingen konsequent eliminieren. Zweifel und Angst gehören dem Ego an, das den

Verstand in seinem Griff hält, diesen Schatten des Shaitan, des Bösen, von ihm, dem Verstand, selbst geschaffen.

Alles Gewünschte gehört uns schon. Erfüllt es sich nicht (gleich), haben wir Unwichtiges erbeten und/oder müssen erst durch eine Wandlung gehen, um genügend magnetische Kraft aufzubauen, es anzuziehen. Dann sind wir – durch einen starken, wahren, anstoßgebenden Gedanken, der auf ein bestimmtes Ziel oder eine Idee gerichtet ist – genügend zentriert, um erschaffen zu können.

Jeder von uns muß sein eigenes Leben entfalten. Es ist nicht möglich, daß einer für den anderen lebt. Jede Seele lernt im Lauf ihrer Entwicklung auf der Erde, dem Leben Ausdruck zu verleihen, also dem göttlichen Schaffensfunken in ihr bewußt nachzugeben, wenn sie ein eigenes Lichtzentrum wird. Von dort aus vermag sie dann zweckbestimmt im Rahmen eines größeren, mehrdimensionalen Paradigmas zu handeln.

Wir alle werden an gewissen Scheidewegen von unseren geistigen Beschützern scheinbar allein gelassen. Es sind dies unsere qualvollsten Augenblicke. Doch sie treten nur zurück, um zu sehen, ob wir schon allein stehen können, ob wir dieses Zentrum in uns bereits entwickelt haben, um zu ihnen zu stoßen und mitzuarbeiten. Es ist ein gutes Zeichen, »von allen guten Geistern verlassen« zu werden: Wir sind dann bald reif fürs Alleinstehen. Die Kleinstkinder des Kosmos dagegen sind ständig beschützt.

Ursprünglich war das Kreuz das Sinnbild der größten Freude: der Mensch in Andachtsstellung. Die wirkliche Vereinigung passiert innerlich. Wenn wir es ruhig geschehen lassen, daß der äußere Beschützer scheinbar von uns genommen wird, kann sie sich vollziehen. Das Göttliche in unserem Innern bleibt. Tief in uns und scheinbar unbewußt wandeln sich bedeutende Symbole um, die uns durch Leben und Existenzen begleitet haben. Wir spüren die Verwandlung solcher tiefliegenden Schichten unserer selbst dann für eine Zeit als Irritation und Chaos, bis diese uns mit vielen Ebenen des Seins verbindenden Lebenszeichen sich zu noch größerer Klarheit und Kraft gewandelt haben. Dann stellen wir auf einmal fest, daß wir anders geworden sind. Diese Geschenke Plutos sind Höllengeschenke, Präsente dessen, was uns fehlt und daher ganz macht.

Wir können sie durch herzverbundene Mentalarbeit initiieren, weiter stützen und daher ertragbarer machen. Manche Zeiten sind dafür geeigneter als andere. Unsere heutige Zeit scheint dafür zwingend geeignet zu sein. Zur Initiation können wir fördernd beitragen, die eigentliche Änderung verläuft auf so tiefen, multidimensionalen Ebenen, daß wir in diesem Prozeß dann wie Kinder in einem den Abhang hinuntersausenden Schlitten sitzen: Anhalten geht nicht; wir können ein bißchen bremsen und schauen, daß uns niemand in die Quere kommt, doch »der Wagen, der Wagen, der rollt«. Am besten entwickeln wir Vertrauen und genießen den Spaß in diesem Spiel, das sowieso läuft. Doch sollten wir einigermaßen in der Richtung bleiben, sonst tut es bei zuviel Widerstand eben »höllisch« weh. Vertrauen erleichtert die Fahrt für alle Beteiligten, auch für die unsichtbaren Begleiter, enorm. Schlittenfahren ist doch eine wunderbare Sache.

Wenn wir also am Kreuz hängen, brauchen wir uns nicht verlassen zu fühlen. Jesus hat es nach kurzem Zweifel (wie menschlich und tröstlich) auch verstanden: »Vater, warum hast du mich verlassen?« Und dann: »Es ist vollbracht!«

Archetypische Entwicklungsmysterien wie Sagen, Legenden und der Mythos in unserer christlichen Bibel geben uns kollektiven Rat und Verhaltensmuster zum Weitergehen, wenn es an der Zeit ist. Der Moment, da wir zulassen, daß uns der tiefste Schmerz trifft, da wir es nicht mehr verdrängen, ist der Moment unseres größten Mutes und Triumphs. Gewöhnlich brauchen wir einen ausgewachsenen Schicksalsschlag, ehe wir uns dazu »entschließen« können. Göttin Inanna ging einst aus eigenem Entschluß in die Unterwelt, um ihre dunkle Schwester Ereschkigal, ihren Schatten, ihr Alter ego, ihr Abgespaltenes und Verdrängtes zu treffen. Sie mußte das mit dem Tod bezahlen, aus dem sie jedoch zu einem neuen, umfassenderen Leben erwachen konnte.

Haben wir durch diese Hingabe das Heraufkommen und Lösen der durch unser einstiges Eintauchen als geistige Wesen in die Dreidimensionalität bewirkten Bewußtlosigkeit zustande gebracht, kann uns nichts mehr treffen. Wir sind gegen jeden Schmerz gefeit, die Dunkelheit ist uns dann bekannt und vertraut, sie ist unsere Schwester (Ereschkigal) geworden, und in uns erklingt das kosmische Lied von neuem. Es ist doch verständlich, daß ein Fall von hohen Schwingungsebenen so tief herab in die Materie unseres Planeten eine Art Taubheit für eine gewisse Zeit hervorruft. Schütteln wir uns wach, und gehen wir zur Tagesordnung über: Materie zu beseelen. Selbst Karma wird dann unwirksam; es betrifft nur die Menschen, die noch in dieser Idee gefangen sind. Wer jenseits davon ist, darf seine eigenen Gesetze und seinen Glauben erforschen, weil er sie auch verantwortet.

Ob wir einen Lehrer brauchen oder nicht, ob ein Lehrer gut oder schlecht ist, all das sind auch nur Vorstellungen. Die Intuition, die Göttin, auf die wir durch Instrumente wie Atmen, Mentalarbeit und vieles andere mehr besser hören lernen, sagt uns immer genau, was zu tun ist, und zwar aus dem eigenen Herzen heraus, verbunden mit der höheren unterscheidenden Weisheit des sechsten und siebten Chakras, die erst durch Wahrnehmen und Anerkennen der »anrüchigen« unteren, dunklen Chakren (erstes bis drittes Chakra) erreicht werden kann. Es geht also nicht darum, alteingesessenen und moralistischen, patriarchalisch-starren, aber auch keinen neomatriarchalischen einseitigen Verhaltenskodexen nachzufolgen. Dieser Weisheit können wir eines Tages, nach dem erneuten »Fall«, dem Schicksalsschlag oder der bewußten Konfrontation, die uns mit unserem tiefsten, unbewußten Schmerz wieder in Kontakt gebracht hat, durch das fünfte, das Kehlchakra, Ausdruck verleihen, zum Nutzen auch für andere. Dann hat die Göttin ihre Sprache wiedergefunden, dann sind wir selbst zu einer Art Lehrer geworden, vorläufig immer noch mit einigen Schwächen. Doch wir können schnell unser und der anderen Verlangen nach Anbetung überwinden und einen wirklichen Beitrag zum Funktionieren der menschlichen Gesellschaft leisten.

Wir können uns Christusenergie oder universale Energie und Substanz hinter unserem Herzen thronend vorstellen und andere Menschen, Situationen und Dinge ebenso sehen. Von dort aus vermögen wir auch jeden Ort in unserem Körper anzurufen:

▷ Ihr seid wissend und liebevolle wie kraftvolle, weise geistige Zentren, rein und lauter. Keine Unreinheit kann sich euch nähern. Ihr seid durchflutet von universaler Energie und Christusenergie, vom reinen kosmischen Licht, der Energie der Göttin, vom Licht des Lebens selbst. Göttlicher Tempel seid ihr. (S)

▷ Mutter–Vater–Göttliches, hier wie in allen Dingen offenbare du deine Vollkommenheit in mir. Sei gesegnet. Laß mich nicht in der Rolle des Helfers oder in anderen überholten Glaubenssätzen versteinern. Laß mich nicht in meinem persönlichen Denken gefangen sein, ohne in erweiterte Bereiche universalen Denkens voranschreiten zu können. (S)

▷ Indem ich göttlich fühle und denke, ehre ich das Göttliche, werde es und bringe es auf die irdische Ebene. Ich empfange und zentriere Frieden und Fülle in mir und bin mir bewußt, daß ich auf diese Weise einen Kern kristallisiere und wiederum ausstrahle, in mich selbst, in eine Gruppe, in eine Nation, in die Erde.

▷ Ich weiß, daß wenn das Physische die Kontrolle verliert, sie vom viel genaueren Geist übernommen wird. Der Geist in seinem ewigen Raum ist mit strahlender Energie unerschöpflich gefüllt, aus der ich alles herauswünschen kann. Ich danke dafür.

▷ Ich bin jetzt fähig, mir meinen Lebensunterhalt direkt aus der kosmisch-wäßrigen Ursubstanz zu beschaffen. So sei es!

▷ Ich bin bereit, hervorzutreten und in vollkommener Harmonie mit dem aktiven göttlichen Prinzip zu sein. Dies und nur dies. (S)

▷ Ich lasse die göttliche Flamme durch dich, meinen reich gesegneten physischen Körper, strömen, und ihr Zellen werdet alle in die reine Substanz verwandelt.

▷ Ich erhebe mein Bewußtsein zum göttlichen Bewußtsein. (S)

▷ In Zeiten der Angst vertraue ich darauf, daß ich schon vollkommen bin.

▷ Göttlich, kosmisch sein heißt in »Übereinstimmung mit« und nicht »Diener von«. (S)

▷ Ich werfe nun alle Kleinheitsgefühle und Konkurrenzgedanken ab und wachse mit göttlicher Liebe und Weisheit zu kosmischer Partnerschaft heran. Ich bin würdig.

Zuerst brauchen wir den Glauben, daß das höhere Selbst existiert. Wir sehen es im Außen. Das wird uns durch blitzhaftes Erkennen, durch eine kurze Vision gezeigt. Danach bringen es Sehnsucht, Nacheifern, Segnen und Dank in die Erscheinung, in uns. Wir werden es. Das ist der Weg zum Erlangen jeder Erkenntnis. Es bedeutet die Fähigkeit und Macht der Menschen, klar und kreativ zu denken.

▷ Ich bin eins mit der universalen Lebensenergie, ich spüre, daß sie mich jeden Augenblick durchpulst, jetzt. Ich danke dir, Göttliches, daß ich in der Kraft bin, alle Dinge zu tun.

Haben wir zuerst das göttliche Wort unseres Wunsches ausgesprochen, sollen wir uns nie mehr zurückwenden zum Bitten, denn das ist Zweifel. Wir bejahen nur noch. Wir haben unser Christuswort ausgesandt, und die Sache existiert bereits. Es bleibt uns nur, für unseren Reichtum, für Kraft und Fülle und Freiheit zu danken.

Das Pluto-Shiva-Prinzip bedeutet nicht wirklich Zerstörung. Es stellt fundamentale Wandlung dar, im wahrsten Sinn des Wortes. Es entstehen so neue, durchgeistigtere Formen, und auf diese Art schreitet die Schöpfung fort. Regen wir uns also nicht bei jedem Unwohlsein auf – wir erneuern uns nur:

▷ Ich halte mich ab jetzt bewußt mit dem kosmischen Licht verbunden. (S)
▷ Der Dunst lang vergangener Zeitalter löst sich wie eine Rauchwolke im göttlichen Licht des Sehens auf. (S)
▷ Ich schenke dem *mind,* dem »normalen« Verstand, dem Intellekt, keinerlei Beachtung mehr. Ich halte mein Denken in das göttliche Licht, immerdar. So sei es!
▷ Ich bin eine Christusfrau/ein Christus Gottes, eins mit der göttlichen Schwingung und Macht. (S)

Wir können die Vibrationen unseres Körpers durch göttliches, kosmisches Denken so erhöhen, daß sie über denen liegen, die ein Karma ermöglichen:

▷ Ich gebe den Gedanken an Schwäche, Tod, Übel und Wiedergeburt auf. Ich bin frei von jeglichem Karma und auch frei vom Tod. Ich stehe im göttlichen, kosmischen Licht, bin umhüllt von der kosmischen Weisheit, Liebe und Fülle und schwinge mit ihr, immerdar. So ist es! (S)

Praktische Tips

Mit den Affirmationen können wir nun auf zweierlei Weise zu arbeiten beginnen. Die eine Art wäre, erst einmal alles durchzulesen, sich mit den in diesem Buch genannten Vorschlägen zur Vorgehensweise vertraut zu machen, und dann einfach in Ruhe die eigentlichen Affirmationen nebst den zugehörigen Einstimmungen der Reihe nach zu studieren. Wo immer wir einen inneren Widerhall, eine Erregung oder Entspannung, ein »Aha« oder auch ein »Ja, das genau ist es«, »Das brauche ich«, »Da hakt es doch«, »Das fehlt mir« hören oder spüren, handelt es sich um eine Affirmation, die für uns wichtig ist. Wir können uns auf diese Weise eine Anzahl von Sätzen herausschreiben, auf einen kleinen Zettel etwa, den wir am Eßtisch oder am Arbeitsplatz deponieren, griff- und sehbereit. Es sollten nicht zu viele Affirmationen auf einmal sein, sondern höchstens acht bis zehn. Diese Sätze können wir dann ein- bis zweimal am Tag, je nachdem, wann wir die meiste Muße dazu haben, laut vor uns hin sprechen. Es ist günstig für Erfahrenere, dieses laute Sprechen zu verbinden mit der im Mentalkapitel vorgestellten Arbeit mit dem Heilsee oder einer ähnlichen Übung, die eine Einbindung in ein größeres geistiges Paradigma gewährleistet. Dies ist wichtig! Die Wirkung ist dann noch größer und mit dem kosmischen Höchsten abgestimmt. Wir sollten die Sätze nur beim ersten Mal so lesen, wie sie vorgeschlagen sind, immer mit Zusätzen wie »oder etwas Besseres«, »höchstes Bewußtsein«, »Mutter-Vater-Gott«. Bei den nächsten Malen fügen wir sofort unseren Dank hinzu, wir beginnen also mit »Ich danke dafür, daß...«, und dann folgt die betreffende Affirmation, oder wir schließen mit unserem Dank ab.

Die Affirmationen sollten die erste Zeit täglich, über einige Wochen hinweg, gesprochen werden. Wir spüren sicher jedesmal die »Ladung«, die dahinterliegt. Läßt diese von unseren Blockierungen stammende Ladung dann allmählich nach, bedeutet dies, daß die alten, kranken Denkstraßen verlassen und neue Schneisen in unseren Geist/Zustand geschlagen werden. Wir können ziemlich genau spüren, wann es genug ist: Die Ladung scheint weg zu sein, es langweilt scheinbar, wir haben keine rechte Lust mehr, wir befürchten, die Übung verkomme zur bloßen Pflicht, oder wir spüren ganz deutlich, daß unsere Gebete »erhört« wurden. Dann ist es Zeit zu pausieren. Nach einer Weile, die jeweils ganz verschieden sein kann – wir dürfen hier unsere Intuition gebrauchen –, werden wir erneut das Bedürfnis spüren, unsere Affirmationsarbeit zu tun. Diesmal wird es weniger oft und auch für eine kürzere Zeit sein. Nach einer abermaligen Pause können wir eventuell noch einmal die Übung aufnehmen – oder wir spüren, daß es jetzt genug ist oder die Ergebnisse offensichtlich einzutreffen beginnen (dann das Danken nicht vergessen). Nun ist es nach einer Weile Zeit, die Affirmationen abermals durchzulesen und uns neue Affirmationen, die uns »flattern machen«, herauszuschreiben und so weiter.

Eine andere Möglichkeit der Arbeit ist es, sofort unter der entsprechenden Rubrik nachzuschlagen und alle dort aufgeführten Affirmationen zu üben. Dies wird der Fall sein, wenn uns das Schicksal geschlagen hat, wir also mit einem Konflikt unmittelbar konfrontiert sind. Die sonstige Vorgehensweise ist die gleiche.

Es ist für mich immer wieder sehr interessant festzustellen, daß die Wirkung prompt, das heißt bereits beim Lesen eintritt. So lese ich zum Beispiel, wenn ich aufgeregt bin und Ruhe und Entspannung brauche, die entsprechenden Kapitel des Affirmationsteils, und schon spüre ich, wie ich langsam still werden kann.

Für die Affirmations- wie auch die Mentalarbeit gilt immer, daß sie von einem höheren Prinzip getragen werden muß. Es gibt keine guten oder schlechten Erfahrungen, es gibt nur Erfahrungen. Es gibt kein positives oder negatives Denken, es gibt nur schöpferisches Denken. Beide Pole müssen angenommen werden, um kreativ, ganzheitlich handeln zu können. Das appelliert an unsere Verantwortung. Dem dienen sowohl der berühmte Zusatz »oder etwas Besseres, göttliches, kosmisches Bewußtsein« als auch das später im Teil über Mentaltraining beschriebene Bild von Ursonne und Heilsee. Dem dienen die Einstimmungen bei den jeweiligen Gruppen kreativen Denkens im Teil über die Arbeit mit Affirmationen beziehungsweise die Gesamtheit der Gruppen kreativen Denkens, also die Gruppen 1 bis 7 als grundlegende Struktur jedes sinnvollen Denkens. Wenn wir so vorgehen, brauchen wir nicht zu befürchten, daß unser Ego uns einen Strich durch die Rechnung macht. Zum sogenannten positiven Denken sei angemerkt, daß auch dieses Werkzeug wie alles, was zum bloßen Selbstzweck wird, sich als wirkungslos oder gar als Bumerang erweisen könnte und sich schließlich wie jede negative Erscheinung selbst ad absurdum führen und letztendlich zerstören wird, wenn das Verdrängte nicht zuvor angenommen/gefühlt wird.

Noch einmal möchte ich an dieser Stelle auf die außerordentlich große und wohltuende Wirkung hinweisen, die solche Affirmationsarbeit oder Mentalarbeit in der dritten Phase von Heilatemsitzungen (siehe Seite 67) hat. Unsere guten Wünsche, wie solche Arbeit von den tibetischen Buddhisten genannt wird, die wir auf diese Weise für uns und zum Besten aller Wesen aussenden, werden wirklich und wahrhaftig tausendfältig auf uns zurückfallen. Wir werden uns besser fühlen, weil wir mit diesen Gedanken und Gefühlen in einer höheren Schwingung weilen, wir sind vor den schädlichen Gedanken, die aus dieser streßbeladenen Welt und von anderen Menschen pausenlos auf uns einschwingen, geschützt, und – das ist wohl das Entscheidende – wir bewirken durch unser diszipliniertes, göttliches Denken eine Verbesserung in der Welt. Wenn immer mehr Menschen es lernen, inspiriert, heilsam, von einem höheren Prinzip her zu denken und zu fühlen, wird unsere Mutter Erde aufatmen können, und wir mit ihr. Die reine Energie, Prana, wird mit uns sein, uns und die Menschen um uns herum schützen und Besseres bewirken, sogar für unsere »Feinde«.

Mentalarbeit als okkulte Beschäftigung mit der Macht (als Weiße oder Schwarze Magie) meinte, irgendwohin gelangen zu müssen: die Weiße Magie nach oben, die Schwarze nach unten. Wir

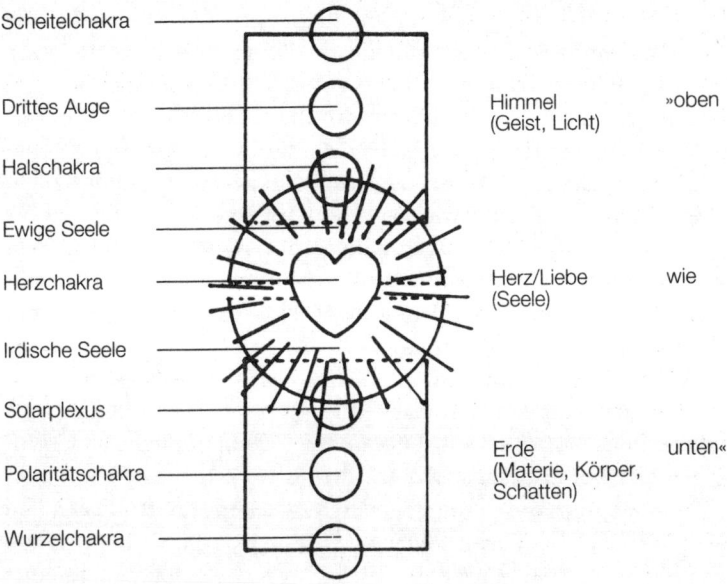

Scheitelchakra		
Drittes Auge	Himmel (Geist, Licht)	»oben
Halschakra		
Ewige Seele		
Herzchakra	Herz/Liebe (Seele)	wie
Irdische Seele		
Solarplexus		
Polaritätschakra	Erde (Materie, Körper, Schatten)	unten«
Wurzelchakra		

Der Mensch, energetisch gesehen

Die ewige Seele ist das, was wir meist höheres Selbst nennen. Der irdische Seelenkörper lernt, macht Erfahrungen auf der Erde und arbeitet so der ewigen Seele zu. Beide bewirken das Wachsen der Geist und Körper verbindenden Herzstrahlung.

tragen heute alle an ihren Auswirkungen und haben sie nun mühsam zu transformieren, ob wir wollen oder nicht.

Mentalarbeit als Gebet zum Durchbrechen von Begrenzungen (Gebet verstanden als Demut, als Bereitschaft also eines partnerschaftlichen Miteinanders innerhalb eines größeren Ganzen) heißt, daß wir nirgendwohin gelangen müssen, weder nach oben ins sogenannte Geistig-Spirituelle noch nach unten zur sogenannten Erdung. Der Mensch steht in der Mitte, und dort soll er meinem Gefühl nach bleiben entsprechend dem großen Plan. Der Mensch wird erst wirklich zum Menschen, indem er beides, das Oben und das Unten, Himmel und Erde, Geist und Körper verbindet, und zwar durch sein Herz (siehe Abbildung Seite 157). Das ergibt eine Einheit, die kosmisch, also allumfassend operationsfähig ist. Wäre das nicht Ganzwerdung, Heilung von der Vorstellung von Angst und Begrenzung, von der jetzt so oft die Rede ist?

Was heißt nun Herz? Es gilt, die Liebe zu entwickeln. Der Anfang mag schwer sein für uns, denn Menschsein bedeutet grundsätzlich, Angst zu haben. Zur Entwicklung des wirklichen Menschen gehört es, diese Schranke, diese Beschränkung der Angst zu durchbrechen. Es mag zuerst mental geschehen, doch immer als Gebet. Auf das *Wie* kommt es an! Nach dem universal gültigen hermeneutischen Gesetz »Wie oben, so unten« sind Menschen imstande, alles zu verstehen und zu erreichen, das heißt, *es gibt keine Begrenzungen,* was jedoch nicht mit Gottlosigkeit gleichzusetzen ist oder mit sich an die Stelle Gottes setzen. *Wir alle miteinander bilden das Göttliche.* Oder besser gesagt: Wir werden es wieder bilden.

Es gibt bereits viele Stimmen, deren Arbeiten zum Erkennen und Verwirklichen des neuen, größeren Paradigmas beitragen. Das Ungewöhnliche, Erstmalige dabei ist: Heute kann es nicht mehr einer allein machen, das wäre pures Ego = Angst, das wäre letzten Endes der Anspruch, allein Gott zu sein. Nein, es ist viel leichter: Wir stehen alle miteinander in der Beziehung der Mitschöpferschaft und -kraft. Jeder von uns wird die Dinge von Leben und Tod mehr und mehr verstehen. Wir müssen sie kommunizieren, den anderen vorstellen, zeigen, das heißt, wir müssen wagen, mit unserer Kreativität hervorzutreten. Und zusammen werden wir das neue Paradigma erstellen, auch die neuen Archetypen für menschliche Urbilder im Verhalten erarbeiten. Anders geht es nicht. Wir haben ja bereits angefangen. Einer inspiriert den anderen, und so werden wir in der neuen, kommenden Zeit die Wahrheit etwas genauer kennen können. All das wird sich etwas später noch auch im Außen manifestieren, in einer gesunden Erde, in glücklichen Beziehungen und in sinnvoller Arbeit.

Mentaltraining

Was ist Mentalarbeit?

Wie verständigen wir uns?

Die spontane Antwort darauf würde wohl lauten: Wir verständigen uns verbal, durch Worte.

Doch gesprochene oder geschriebene Worte sind es nicht nur, über die wir Informationen bekommen, denn ein großer Teil unseres Denkens und Einschätzens beruht darüber hinaus auf sinnlichen Signalen, die wir empfangen oder aussenden.

Außerdem, was sind schon Worte? Sind sie nicht lediglich Symbole, auf deren Bedeutung wir uns geeinigt haben? Auf jeden Fall sind sie nicht die Information selbst. Genauso wie die geistigen Seiten des Atems uns zur Zeit nicht ganz durchschaubar sind und der wirkliche, innere Zusammenhang von Atem, Sprache und Denken kaum entdeckt ist, so wenig wissen wir im Grunde, wie Worte und Sätze und deren Bedeutungen eigentlich entstehen. Wie kommt es, daß Laute, Worte, Sätze zu informationsschwangeren Symbolen werden, die ausdrücken, was ich sagen will? Und wie geschieht es, daß ein anderer sie mit ebendiesem Sinn aufnimmt?

Wir wollen uns momentan nicht damit beschäftigen, daß es oft schwierig genug erscheint, uns adäquat auszudrücken, ganz zu schweigen davon, daß unser Partner manches absolut nicht verstehen zu können scheint. Wir wollen einmal bei ganz alltäglichen Situationen bleiben, in die möglichst wenig andere, etwa psychologische Momente mit hineinschwingen.

Wenn ich um ein Glas Wasser bitte, werde ich es meist bekommen. In dieser Hinsicht ist Sprache als Kommunikationsmittel doch unbedingt als Wunder zu bezeichnen. Wir beginnen einen Satz, sind ganz bei dem, was wir ausdrücken wollen, und wissen noch nicht einmal genau, wie wir ihn beenden werden. Und doch »ergibt sich« das Ende des Satzes so natürlich, meist wie von selbst. Wir achten auf diese Dinge gewöhnlich gar nicht, weil sie uns so selbstverständlich sind wie gehen und eine Tasse halten. Und doch sind sie eine Kunst, eine kollektive menschliche Kunst, die das kleine Kind erst lernen muß. Welche Rolle spielt unser Bewußtsein dabei?

Wir verständigen uns also auf kunstvolle Weise mit Worten, die symbolische Informationsträger sind, auf die wir uns kollektiv geeinigt haben. Zusätzlich übermitteln und erhalten wir eine Vielzahl von sinnlichen Eindrücken, die im Normalfall dazu führen, daß wir bekommen, was wir wollen.

Ist das nicht eine Art Schöpfungsakt, den wir da inszenieren, auch wenn wir nie darüber nachdenken, weil es uns so normal erscheint?

Die Affirmationen, Invokationen, Bitten und Gebete aus dem vorigen Kapitel sind ein Versuch, die Arbeit mit dem Wort, dem ja auch das fünfte Chakra zugeordnet ist, durch bewußteres Anwenden zu intensivieren.

Hinter diesen alten und neuen Versuchen mit der Macht des Wortes steht das innere Wissen, daß nicht nur die Geheimnisse der sprachlichen Verständigung in der Form von Worten eine direkte Auswirkung unseres göttlichen Anteils, unseres Bewußtseins sind. Wir schöpfen mit unseren Gedanken nicht nur Worte, sondern unsere gesamte Wirklichkeit, und das macht uns frei und unabhängig von Mitwelt, Zeit und Geschehen. Das ist unsere bedeutendste Fähigkeit, und solange wir diese umstürzlerische Wahrheit noch nicht »sehen« können, lohnt es sich, sie zu wiederholen. Ich bin der Schöpfer meiner Worte – genauer: ihres Inhalts. Das ist einfach. Doch ist es viel komplizierter zu verstehen, daß wir *alles* um uns herum erschaffen. Solange diese schöpferische Seite von uns kollektiv noch weitgehend unbewußt gelebt wird, müssen wir mühsam für unseren Lebensunterhalt schuften, gibt es Krieg und Geschrei.

Affirmationen sind ein Weg, diesen komplizierten Zusammenhang sowohl besser zu verstehen als auch sinnvoller mit unserer Macht umgehen zu lernen. Mentalarbeit, mentales Training oder Gedankenfitneß geht noch einen Schritt weiter, indem nicht nur das

Wort benutzt, sondern das gesamte Register unseres immensen schöpferischen Vorstellungsvermögens gezogen wird. »Mentalis« kommt aus dem Mittellateinischen und bedeutet »geistig, in der Vorstellung vorhanden«. Bei der Arbeit an und mit unserem Mentalen, dem Gedankenkörper, und mit dem fünften Chakra, dem Kehlchakra, kommt die Fähigkeit des sechsten Chakras, des Dritten Auges, hinzu, nämlich die Kraft zu visualisieren: Wir denken oder sprechen nicht nur intensiv unsere Affirmationen, sondern wir ergänzen sie durch vorgestellte Farben, Töne, ganze Bilderwelten, die durch jede Anwendung wiederum noch gestärkt werden. Hinzu kommt, daß das Wort möglichst laut und mit fester Absicht ausgesprochen wird und auch die Intensität des Fühlens dabei eine wesentliche Rolle spielt. Damit erschaffen wir unsere Welt.

Die Arbeit mit dem Mentalen bezieht unsere Gefühle und den physischen Körper auch deshalb mit ein, weil das Mentale eine höhere Schwingung hat als sie. Es bildet die Grenze zwischen der Physis und dem Geistigen und ist somit auch eine Brücke zum spirituellen Körper. Mentaltraining ist dadurch in der Lage, mit der Zeit auch unsere Gesamtauffassung über die uns umgebende Realität zu verändern. Das ist die eigentliche Zauberkraft des Mentaltrainings! Unsere Ansicht über Geistiges, und damit unser Einfluß auf Materie, kann sich enorm ändern; neue Welten, neue Wesen, neue gewaltige Kräfte und neues Wissen können uns zufließen. Mit dem Anerkennen eines solchen weiter gefaßten Paradigmas der Wirklichkeit gehen meist etliche Geburtswehen einher.

Selbstverständlich ist auch das Affirmieren Mentalarbeit, denn es arbeitet ebenfalls mit der Denkkraft. Doch verstehen wir heute unter Mentaltraining vorwiegend die komplexere Form mit Imagination und Visualisieren, wie dies bereits bei den Affirmationen an einer Stelle unter »Wunder kreieren« vorgeschlagen worden ist.

Die Anwendung des Gesetzes, daß wir alles um uns herum selbst erschaffen, bedeutet das Aufgeben unserer Betonung der linken Hirnhemisphäre und das Hereinnehmen der Intuition (rechte Hemisphäre) in alle Zweige des Lebens. Künftig wird Lernen durch Leben, Miterleben und mentale Gestaltung gefragt sein, das heißt, jedes Ziel wird zuerst im Geist verwirklicht. Mentale Fitneß ist der neue Slogan.

Die computererzeugte virtuelle Realität, die Magie des Cyberspace, kommt diesem in seiner äußersten Brisanz noch nicht allgemein erkannten Gesetz immer mehr auf die Spur. Wir werden binnen kurzem sehr viel mehr Realitäten erleben können als bisher. Dazu werden wir unser Unterscheidungsvermögen schulen müssen. Wir werden uns verschiedene mentale Haltungen anzueignen haben, um uns in diesen Realitäten zurechtzufinden und ihnen – und unserem multidimensionalen Wesen – gerecht werden zu können. Computergesteuerte Simulationen, ja die ganz normale Arbeit am Computer, helfen uns bereits dabei.

Imagination und Visualisation spielen seit jeher eine große Rolle bei aller künstlerisch-schöpferischen Tätigkeit. Kinder bedienen sich ihrer bei ihren Spielen, so sehr, daß sie buchstäblich in jene vorgestellten Welten entschlüpfen, daher auch viel müheloser als wir Erwachsenen in die Realitäten beispielsweise von sogenannten Engeln und Feen gelangen können.

Mentaltraining ist seit Urzeiten wichtiger Bestandteil spiritueller Praxis, und zwar in Form von Beten, Meditation, tantrischer Ritualarbeit. Nun gelangt es in ganz alltägliche Bereiche, zum Beispiel in den Sport. Natürlich sind die Namen hier unauffälliger: Hypnose, autogenes Training, Subvokales Training, Verdecktes Wahrnehmungstraining, Ideomotorisches Training und so weiter, doch es geht um dieselbe Sache.

Wir sind es auch bereits gewohnt, Krankheit, Depressionen und Streß mit den neuen Therapiemethoden der Human-Potential-Bewegung anzugehen. Wir beginnen damit, nicht nur Blockaden im Körper zu entspannen, sondern wir wenden uns im mentalen Training unseren Knoten im Denkkörper zu. Auch Manager in der Großindustrie machen sich über ihre mentalen Bedingtheiten Gedanken, die dem Erfolg im Wege stehen könnten.

Wir Menschen besitzen eine hervorragende Fähigkeit. Im Laufe unseres Lebens lernen wir durch *Vorstellungen,* wie wir uns in bestimmten Situationen zweckmäßig verhalten sollen und welche Beziehungen zwischen bestimmten Menschen, Umständen und

Dingen bestehen. Abgesehen davon, daß auch hier Defekte auftreten können, wird so mit der Zeit eine Gesamtschau (Paradigma) über die uns umgebende Welt aufgebaut, die uns funktionieren läßt. Das ist toll. Doch hat es den Nachteil, daß die gewohnte Gedankenschiene uns ebenso funktionssicher »abschirmt« und nützliches Ungewohntes nicht heranläßt. Unser Verstand kann das Neue einfach nicht begreifen. Die Reaktionen fallen verschieden aus: von Unsicherheit, Achselzucken, Lachen, Zynismus bis zum »Lynchen« von Andersartigem.

Vorstellungen können verbal, bildhaft (visuell), akustisch oder kinästhetisch (bewegungsempfindend) sein. Wir können damit evokativ oder invokativ umgehen, das heißt, wir können uns bestimmte Situationen mit allen Geräuschen, Düften und so weiter lebhaft vergegenwärtigen, oder Wörter, Bilder, Laute, Symbole sind so eng mit Erlebnissen verknüpft, daß sie bestimmte Vorstellungen auslösen. Die menschliche Informationsverarbeitung geht, wie zuvor gesagt, aufgrund bestimmter Vorstellungen vor sich und kommt zu einem hohen Verständigungseffekt, wenn diese den Anforderungen angemessen sind, also zu einem situationsgerechten Handeln führen.

Nun können wir durch Vorstellungsregulation unser Handeln effektiver machen, was uns heute besonders zugute kommt, da unsere Epoche sich dem Ende zuneigt und wir fühlen, daß wir einem neuen Zeitalter entgegengehen, was immer mit einem Paradigmenwechsel verknüpft ist. Durch Vorstellungsregulationen vermögen wir aus alten Denkschienen leichter herauszukommen. Sind die neuen Vorstellungen erst einmal »gebaut«, das heißt formuliert und anschließend in ein entsprechendes und effektives Bild gesetzt, müssen wir sie eine Zeitlang regelmäßig, gezielt und kontrolliert einsetzen, um zu einem dauerhaften Erfolg zu gelangen.

Mentalarbeit ist also das diszipliniert wiederholte bewußte Imaginieren einer Handlung, deren Aufbau und Symbolgehalt den jeweiligen Zielen, die erreicht werden sollen, angepaßt sind. Die Handlung selbst wird nur im Geist vollzogen.

Die Verbindung von Atem und Mentalarbeit

White Eagle, ein Lehrer aus den inneren Seelenebenen, von dem die folgende Übung angeregt ist, hält das volle, bewußte und tiefe Atmen für ein sehr praktisches Hilfsmittel, die lichtvolle geistige Verbindung zwischen dem begrenzten Alltagsbewußtsein und dem höheren Selbst zu stärken. Er nennt den Atem den Hauch der Seele und sagt, daß unser irdischer Körper nach dem Tod zerfällt, weil ihn die Seele verläßt und er dann keinen Atem mehr hat.

Er meint weiter, daß wir, wenn wir das Tiefen- oder Vollatmen beherrschen, dazu übergehen sollten, es mit bewußtem Denken zu verbinden. Das ist Mentalarbeit. Das Tiefatmen reinigt das Blut und beruhigt unser von diversen Ängsten strapaziertes Nervensystem. Kombinieren wir diesen Vollatem nun noch mit geeigneten Visualisierungen und Gedanken, zum Beispiel daß wir uns in einer angenehmen Szene sehen und zusammen mit dem Atem Licht in uns einfließen sehen, wobei wir Mantras oder Sätze denken, die uns guttun und uns auf eine größere Wahrheit einstimmen, so tritt eine weitere Entspannung und Beruhigung ein. Atem und Denken sind eng miteinander verbunden. Durch die zusätzliche mentale und spirituelle Verbindung können wir das einfließende Prana, den kosmischen unsichtbaren Lebensstrom im Atem, weiter vermehren. Diese Kraftreserve ist jedem Menschen ganz leicht zugänglich. Es bedarf keiner komplizierten Vorbereitungen, um an sie heranzukommen. Günstig ist es, zu diesen Übungen in frischer Luft zu sein, doch wirken sie auch in der überfüllten Stadt, und diese Kräfte stehen bei einem Schock oder Trauma sofort unmittelbar zur Verfügung.

Wichtig ist das *langsame, tiefe Atmen*. Das müssen wir sicherlich erst üben, denn der sogenannte moderne Mensch hat gewöhnlich einen eher flachen und gehetzten Atem. Es wird also eine Weile dauern, bis wir Ein- und Ausatem – auf zehn gezählt – ausgedehnt haben, mit einer Pause dazwischen, bei der dann ruhig bis fünf gezählt werden kann (siehe auch das Kapitel über den Vollatem). Das ist kein Atemrhythmus für den ganzen Tag. Es genügt, zwei- oder dreimal am Tag oder je nach Bedarf zu üben, ohne übermäßige

Willensanstrengung und je nach persönlichem Rhythmus sehr einfach.

Durch das Visualisieren wird das Blut außer mit Sauerstof auf geheimnisvolle Weise mit geistiger Kraft aufgeladen, die mit ihrem Strom dann jede Zelle unseres Körpers vitalisiert und das Körperbewußtsein kräftigt. Jede physische Form hat so ein Bewußtsein, jeder Zellverband und jedes Molekül und Atom, also auch unser Körper, der noch zusätzlich beseelt ist durch das geistige, multidimensionale Wesen, das wir eigentlich darstellen und das einen Teil seines kosmischen Selbst in diesen physischen dreidimensionalen Körper schickt. So erklärt es sich, daß hemmende Muster, die auf Mental- und Emotionalebene bereits gelöst sind, noch aus dem Zellbewußtsein entlassen werden müssen. Manchmal geht das synchron vor sich, manchmal findet es nacheinander zu verschiedenen Zeiten statt, wobei wir dann diese Auflösung von Spannung oder Entladung nicht immer »über den Kopf« zu erleben brauchen, wir sie also manchmal nur als dumpfes Gefühl spüren und nicht intellektuell verstehen müssen, womit es genau zu tun hat. Die fühlbare Erleichterung ist dann ein sicheres Zeichen, daß sich etwas aufgelöst hat und von uns gewichen ist.

Diese Kombination von regelmäßigem kontrolliertem Denken und tiefem Atmen bewirkt Wunder. Sie mobilisiert die enormen Kräfte dessen, was wir gewöhnlich Unterbewußtsein nennen. Sie heilt Krankheiten, entspannt Knoten im Denken und Gedärm und hilft mit der Zeit sogar, schlechte Gewohnheiten abzulegen.

Das Unterbewußtsein saugt alle täglichen Eindrücke auf, Hiobsbotschaften aus dem Fernsehen oder Belastendes durch den Kontakt mit anderen Menschen, und diese Eindrücke strömen auf vielfältige Weise zusammen mit unseren eigenen Vorstellungen, alten Wunden und Verletzungen aus vergangenen Jahren oder karmischen Verstrickungen. Über unsere Nervenbahnen üben sie einen Einfluß auf all unsere Körper aus. Die Erleichterung, Stärkung und Aktivierung des physischen, emotionalen, mentalen und spirituellen Körpers hilft uns, unser gesamtes enormes Potential zu erreichen.

Wir peitschen uns die wohltuenden Suggestionen nicht ein, sondern gehen mit dem Ego wie mit einem jungen Mitglied unserer Familie um: freundlich und milde. Der Sinn ist, das Vorteilhaftere ins Unterbewußtsein zu bekommen, damit es dort in unserem Sinne wirkt, nicht, das sogenannte Schlechte wegzudrücken.

Tiefe Atemübung mit kombinierter Visualisierung
(nach White Eagle)

Beruhige dich, ziehe dich zurück an einen stillen Ort, möglichst bei offenem Fenster. Laß deinen Atem langsamer werden. Atme sehr gründlich aus, auch mit deinen Flanken. Sortiere dabei die Pakete all deiner Probleme und Sorgen, und schiebe sie in einen Verwahrraum. Laß auch alle anstrengenden und beißenden Gefühle wie Ärger, Verbitterung, Unrast und Trotz einfach einmal beiseite.

Wenn du nun mit dem langsamen Einatmen beginnst, stelle dir vor, daß gleichzeitig von oben über deinem Kopf ein goldenes Licht bis in dein Herz hereinströmt. Du intensivierst die Vorstellung noch, wenn du dir die Quelle des Lichtes als nach oben gerichtetes Dreieck oder besser noch als Ball vorstellst, dies sind starke kosmische Formen. Dein Herz beginnt in diesem Kontakt zu strahlen, es wird ganz hell, und das Licht scheint von dort aus in deinen gesamten Körper hinein. Schließlich gelangt es auch darüber hinaus bis in deine Aura. Fühlst du dich gut gereinigt und aktiviert, kannst du zusätzlich später auch einen Strahl von deinem leuchtenden Herzen auf Herz und Körper eines anderen Menschen richten, dem du vergeben oder helfen möchtest, mit dem du die Beziehung aufräumen möchtest, oder auf eine Sache, die dir unklar ist.

Stelle dir gleichzeitig nun noch vor, daß auch ein goldener Strahl aus der Erde zu deinem Herzen heraufkommt (so, wie beim weiter vorn erwähnten Atem der Göttin) und sich darin mit dem oberen Strahl vereinigt.

Verfolge den Lauf deines nun atem- und lichtreichen Blutes bis in jede Zelle; sieh, wie alles rein und neu und glänzend wird, und verbinde dich im Denken dabei mit Mantras (»Frieden«, »Ruhe«, »Ich bin in Ordnung und Licht« ...) oder mit einer deiner momentanen Lieblingsaffirmationen (»Ich bin reiner Geist, bin ein Kind des Lichts«, »Ich bin ganz und gar in Harmonie mit meinem innersten Wesen«, »Ich bin das Licht, der Weg und das Leben« ...). Lenke den aktivierten Atem/Blutstrom besonders zu schmerzenden Stellen, und sieh dabei plastisch Heilung geschehen; halte dabei den Atem ein wenig an. Dann atme langsam, nicht pressend und stoßend, aus. Wichtig ist die Zentrierung auf das Herz – sie stärkt unseren (Erd-)Magnetismus – und auf ein Gefühl von »Es ist alles gut«.

Du kannst dich auch ausschließlich auf schmerzliche Gefühle konzentrieren statt auf Gewebe und Organe. Wenn du mehr Übung hast, kannst du dir zudem geistig jemanden vorstellen, mit dem du haderst. Sieh dann diese leuchtende Reinigung bei euch beiden und zwischen euch vorgehen als eine Harmonisierung eurer Energien.

Laß dir am Ende ein wenig Zeit, bevor du deinen täglichen Obliegenheiten nachgehst. Und sei bei »Rückschlägen« sanft mit dir. Da der Mensch eine Dreiheit von Geist, Seele und Körper ist, hat er im Stadium geistiger Anfängerschaft das Bestreben, seine Gedankenkraft auf der untersten Stufe seiner Natur, der physischen, zu betätigen.

Die Stärkung des Körpers

Intensivieren wir durch mentales Training unsere Lebenskraft, finden bedeutungsvolle Veränderungen statt. Es kann zum Beispiel besonders in den Handtellern eine heilende Strahlung von zehn bis zwölf Hertz auftreten. Die Hände können dabei sowohl heiß als auch kalt werden. Von manchen Menschen wird diese Strahlung zeitweise als unangenehm empfunden. Auch im Gehirn gehen Umschichtungen vor sich, die anfangs manchmal auch unangenehm sein können. Einer meiner Lehrer, ein pakistanischer Sufi, pflegte zu sagen, daß LSD in winzigen Kleinstmengen im Gehirn hergestellt wird, wenn wir meditieren. Auch hat man jetzt einen sogenannten dritten Kreislauf entdeckt, der für diese heilenden Strahlungen verantwortlich ist, die vom Gehirn ausgehen und bei sensitiven

Menschen zu Bewußtseinsveränderungen führen können. Diese Heilungsvorgänge laufen mit einem Minimum an Energieaufwand ab und sind mit medizinischen Großgeräten nicht erfaßbar.

Der Liquor cerebrospinalis, die Gehirnflüssigkeit, die diesen dritten Kreislauf ausmacht, ist für die Versorgung und den Schutz des Gehirns zuständig. Wir können diesen Kreislauf unterstützen, indem wir sehr gut ausatmen, und zwar so weit, daß wir das Eindringen des Liquors in die Hirnräume spüren. Wir können uns dafür sensibilisieren, etwa indem wir zwei Finger mit leichtem Druck in die Magengrube (Solarplexus) legen. Das entkrampft das Zwerchfell, das durch die an dieser Stelle hindurchstoßende Luftröhre oft etwas irritiert ist. Dadurch kann sich die Ausatmung normalisieren, was wiederum eine positive Auswirkung auf die Pulsation des Liquors hat.

Es ist auch eine gute Idee, sich bei mentalen Übungen die Wirbelsäule als intakt vorzustellen, durch die Flüssigkeiten und Impulse ungehindert auf- und absteigen können. Unsere Wirbelsäule ist oft nicht durchlässig, denn sie stellt unseren ältesten Teil dar, und in ihr sind uralte Erfahrungen und damit auch uralte Blockaden gespeichert. Es gibt schmerzhafte wie schmerzfreie Verspannungen der Wirbelsäule, die die Pulsation des Liquors ebenfalls behindern können. Auf jeden Fall lohnt es, sich im Zuge das Mentaltrainings einmal mit der Wirbelsäule näher zu beschäftigen. Ist sie spannungsfrei, steigt unsere Lebenskraft beträchtlich.

Psychophysikalische Forschungen haben ergeben, daß Töne einen beruhigenden Effekt auf den Herzschlag und die allgemeine Entspannung haben. Es kommen hier alle Mantras, besonders OM und die Vokale in Frage, und zwar sollten diese Töne langsam ansteigend und absteigend gesungen werden. Auch können wir Buchstaben leuchtend in uns drinnen visualisieren, egal welcher Sprache!

Da die nun folgende Mentalübung, die sich als Meditation für individuelle Arbeit, aber mehr noch für die Gruppenarbeit eignet, mit dem Öffnen der sieben Chakren zu tun hat und mit deren Verbindung in die spirituelle, kosmische Ebene, gehe ich zuvor kurz auf die Drüsen und ihre Ernährung ein, die für das gute Funktionieren der Chakren wichtig sind. Zu diesen Energiezentren selbst verweise ich auf die letzthin zahlreicher erschienenen Handbücher, auf das Do-in-Buch von Michio Kushi und auf mein Buch über sanfte Massage.

Der indische Mystiker Shivagama sagte einmal, daß eine größere Wissenschaft als die vom Atmen niemals existiert habe. Dem höchsten Gott der Zarathustra- oder Zoroaster-Religion, Mazda, wird ein ähnlicher Ausspruch zugeschrieben: »Atem ist Leben.« Das bewußte Atmen regt alle Grundlebensvorgänge stark an, ebenso wirkt es auch ausgleichend auf die lebenswichtigen Drüsen. Von den vielen wunderbaren Atemübungen des Pranayama-Yoga seien hier nur einige höchst wirkungsvolle, doch einfache erwähnt. Sie sind überall sofort anwendbar und benötigen nur wenige Minuten Aufmerksamkeit.

Atemübung zur Sauerstoffversorgung und Entkrampfung

Mehrmals durch die Nase ein- und ausatmen. Danach langsam tief einatmen, sodann sehr rasch stoßweise durch die Nase ausatmen, dabei mit den Bauchmuskeln kräftig in den Unterleib hinunterstoßen. Das löst Spannungen im Bauchraum. Der verstärkt aufgenommene Sauerstoff belebt und kräftigt.

Starke Drüsenreinigung durch tibetisches Shaucha-Atmen

Sitzen und den Bauch schön herausstrecken. Leicht einatmen (ungefähr ein Drittel des gesamten Atemvolumens), nun wie in der vorangegangenen Übung den Magen kräftig einziehen, die Luft durch die Nase ebenso kräftig bei eingezogenem Bauch/Magen ausstoßend. Mehrmals in einem steten Rhythmus auf diese Weise atmen, damit sich die gute Reinigungswirkung voll entfaltet.

Die Übung kann jederzeit gemacht werden und ist besonders wirksam vor dem Frühstück. Es findet eine starke Selbstreinigung von Schleim, Abfallprodukten und Unreinheiten aus dem Körper, besonders aus den Atemorganen, statt. Zusätzlich werden Verkrampfungen gelockert, alle Organe und die Drüsen massiert, so daß die Hormonproduktion angeregt wird. Somit ist die Übung auch verjüngend.

Übung zur Gehirnkräftigung

Wir können stehen oder am Schreibtisch bequem sitzen bleiben. Während wir die Zungenspitze am oberen Gaumen halten, atmen wir zischend ein und halten dann den Atem, bis fünf zählend, an. Nun langsam durch die Nase ausatmen.

Das können wir immer tun, wenn wir müde werden und die Arbeitskonzentration nachläßt. Der Sauerstoff kommt rasch in die Drüsen und in die Hormone, von wo er ins Gehirn gelangt. Die Übung kann bei Zeitmangel einen Spaziergang ersetzen.

Die Anregung der Drüsen

Beim guten Ausatmen gelangen Organe und Drüsen in einen besonders aufnahmefähigen Zustand für Sauerstoff und andere Nährstoffe. Das Ausatmen ist sozusagen ein positiver Zustand, bei dem die Drüsen sehr gut Energie aufnehmen können. Unsere inneren Organe brauchen Sauerstoff und Bewegung. Beides erhalten sie beim bewußten Atmen in angereicherter Form. Feste und flüssige Nahrungsmittel stehen erst an zweiter Stelle. Erinnern wir uns, daß wir bei Luftmangel innerhalb weniger Minuten ersticken, doch immerhin eine beträchtliche Zeit auf Nahrung verzichten können.

Eine sehr gute Kompromißlösung stellt das Einnehmen von Molke, versetzt mit Leinöl, dar. Zwei Eßlöffel Molke auf ein Glas warmen Wassers, mit zwei Eßlöffeln biologischem Leinöl verquirlt, lassen dem Körper viel Sauerstoff zukommen, darüber hinaus Vitamine, Spurenelemente und Mineralstoffe. Die Energie ist sofort zu spüren. Zwei Gläser pro Tag reichen als Zusatznahrung. Es ist auch möglich, etwa dreimal am Tage nur die Molke zur Reinigung und beim Fasten zu sich zu nehmen. Die in der Molke reichlich vorhandenen Vitalstoffe sorgen zusätzlich für eine Säuberung, Ankurbelung und Kräftigung des Stoffwechsels und somit für mehr Energie, gute Stimmung und Schönheit.

Ich benutze diese Molke zweimal pro Jahr als Kur und kürzer zwischendurch, immer mit spür- und sichtbarem Ergebnis. Sie hilft mir sehr in der Zeit des großen Umbruchs der sogenannten Wechseljahre, in der wir Frauen auf eine neue geistige Ebene gelangen sollen und in der daher manches liebgewordene Überflüssige (auch

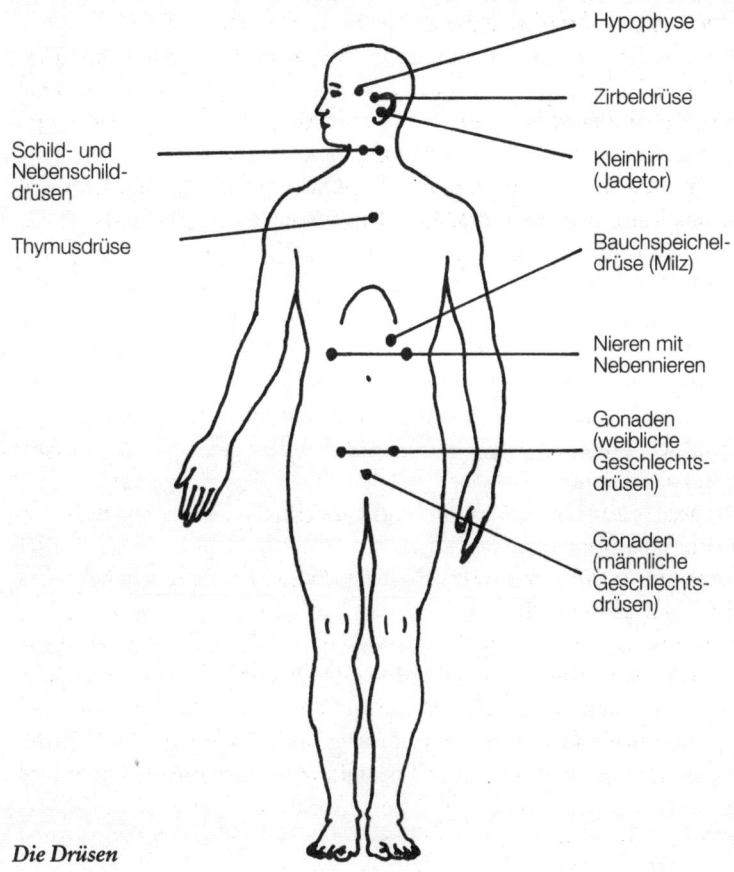

Hypophyse

Zirbeldrüse

Kleinhirn
(Jadetor)

Bauchspeichel-
drüse (Milz)

Nieren mit
Nebennieren

Gonaden
(weibliche
Geschlechts-
drüsen)

Gonaden
(männliche
Geschlechts-
drüsen)

Schild- und
Nebenschild-
drüsen

Thymusdrüse

Die Drüsen

Pfunde) losgelassen werden will. Ebenso ist diese Kraftnahrung für Kinder, Pubertierende, Schwerarbeitende (geistig wie körperlich), Kranke und Menschen, die gerade eine spirituelle Krise durchschreiten, von unschätzbarem Wert.

Wir können diese Anregung unserer Drüsen dann noch durch tägliche leichte Bewegungen der Arme und Beine unterstützen: Schwingen vor- und rückwärts, versetzt, Hand-/Schulterschlagen und -schütteln, Kopfdrehen und -beugen, Kicken mit den Beinen.

171

Was die weitere Ernährung betrifft, empfehle ich auch Samenöle:

Kraft-Drüsentrunk
4 Eßlöffel Samenöl (Erdnuß, Mandel, Aprikosenkern, Weizenkeim, Avocado, Mais, Baumwolle, Oliven, Safransamen, Sesamsamen, Soja, Sonnenblumen und so weiter)
1 Eßlöffel Apfelessig
1 Eßlöffel Honig
1 Glas Gemüsesaft

Bäder
Auch ein Ölbad ist nährend für die die Chakren versorgenden Drüsen:
1 Tasse Samenöl
8 Tropfen ätherisches Öl (sehr gut ist ayurvedisches Sportöl)
1 Tasse Sahne
Alles gut verrühren und ins Badewasser geben. Es macht überdies die Haut samtweich!

Ein Bad in Kaisers Natron, Meer- oder Epsomersalz wirkt ebenso günstig. Tägliches kaltes Duschen bringt die Drüsen auch in Schwung. Wenn wir uns erst daran gewöhnt haben, ist es keineswegs unangenehm, vielmehr verlangt unser Organismus geradezu danach.

Drüsenfreundliche Tees
Bestimmte Tees regen nicht nur die Drüsentätigkeit an, sondern sie stärken auch Gehirn und Nerven:

Lorbeer, Portulak	▷ Bauchspeicheldrüse, Nebenniere, Leber/Galle.
Kreuzdorn	▷ Bauchspeicheldrüse, Darmperistaltik.
Wildkirsche	▷ Thymusdrüse, Herz.
Vogelmiere	▷ Schilddrüse, Knochen, Haut.

Huflattich	▷ beruhigt und nährt alle Drüsen.
Löwenzahn	▷ entfernt Schleim und Abfall aus dem Körper und regt die Drüsen an.
Ysop	▷ beruhigt den Darmtrakt.
Wermut und Kalmus (je 14 Tage im Wechsel)	▷ Magen.
Mistel	▷ Arterienverkalkung; Harmonisierung des Stoffwechsels.
Wacholder	▷ beruhigt Blase und Nieren.
Süßholz	▷ regt Drüsensystem an, bildet Thyroxin (Schilddrüse).
Knotenwurz	▷ nierenreinigend.

Blutbildende Hormontees
Ulmenrindenpulvertee (dreimal täglich),
Petersilienwurzeltee,
Sassafras und Klettenwurzel (je ein halber Teelöffel, Wurzel, Rinde, Samen; wirkt auch gegen Eßlust).

Übungen zum Auflösen von Mustern und zur Heilung (zum Teil nach Butler/McClure)

Da wir uns mehr und mehr auf die kollektive Ebene zubewegen, stelle ich hier eine Gruppenübung vor. Man kann natürlich auch bei Bedarf allein üben. Dabei wird dann die Gruppe als zusätzliche Energiequelle und Unterstützung, auch als Schutz, hinzugedacht, falls man in einer solchen Gruppe integriert ist. Ansonsten werden die Schutzengelbereiche angerufen. Die Übung ist zum Entfernen unerwünschter Fühl- und Denkmuster gedacht (Pattern-removal).

Der Heilsee
Wir sitzen im Kreis, der Raum ist geistig gereinigt und ruhig. Wir machen gemeinsam ein paar kurze Atemübungen, bewegen Kopf, Schultern, Hände und Füße sanft, und zwar auf dem Platz sitzend. Jeder kann möglichst konzentriert und bündig, in wenigen Sätzen

sagen, wie er sich momentan fühlt, was mit ihm gerade los ist. Damit ist bereits eine Reinigung, ein Loslassen, verbunden.

Dann schließen wir alle die Augen, spüren einige bewußte Atemzüge nach innen und stehen auf, um unsere Energie als Gruppe zu verbinden, uns an höhere Kräfte anzuschließen und uns zu erden. Der Leiter oder ein Gruppenmitglied spricht nun etwa folgendermaßen, während die andern im Geist mitgehen und mitsehen (wir halten uns währenddessen an den Händen und stehen):

Wir sehen jetzt die kosmische Urenergie und stimmen uns darin ein. Wir sehen, wie ein von dieser Energie gesättigter Strahl von ihr austritt und durch die unermeßlichen Weiten des Alls zu uns eilt. Es ist ein hellgoldener Lichtstrahl. Er erreicht unsere höheren Chakren, dann das Scheitel-, Stirn-, Hals-, Herz-, Solarplexus-, Polaritäts- und endlich das Wurzelchakra und erfüllt alle mit goldenem Licht (langsam sprechen, damit jeder in Gedanken mitkommen kann). Am Wurzelchakra teilt sich der Lichtstrahl, wandert energetisierend und reinigend unsere beiden Beine hinab und geht dann noch weiter hinab, unsere Wurzeln entlang, bis in den Mittelpunkt der Erde. Dort fällt er in einen Heilsee und lädt sich mit den Energien der neuen Erde auf, worauf er wieder hervorkommt und emporsteigt, doch diesmal durch die Mitte unseres Kreises hindurch und dann weiter wieder zurück zur kosmischen Urenergie (es ist wichtig, bei den Chakren, außer Scheitel- und Wurzelchakra, je ein Chakra vorn und je eins hinten zu visualisieren, die alle durch den Urenergiestrahl verbunden sind).

Und so kreist die Energie während der Dauer unserer Übung zwischen Urenergie und Heilsee, durch uns hindurchgehend und in unserer Mitte wieder emportauchend, und zwar mit Überlichtgeschwindigkeit. (Nun eine kleine Pause einlegen, damit die Visualisierungskraft sich bei allen Teilnehmern richtig entfalten kann.)

Wir gehen nun mit unserer Vorstellung in unser Herz und gießen dort rosaorangenes Licht ein, bis es davon ganz erfüllt ist.

Dann lassen wir dieses Herzenslicht nach rechts zum Kreis-Nachbarn fließen und nehmen durch unsere linke Seite die um den Kreis gewanderte Herzenergie wieder auf (genügend Zeit zum Herzkreisen einräumen).

Nun sind wir miteinander im Herzen verbunden und verbinden uns noch einmal mit der kosmischen Kraft, indem wir einen rosaorangenen Strahl aus unserem Herzen in den breiten, von unten aus dem Heilsee wieder emporsteigenden goldenen Lichtstrom in unserer Kreismitte schicken. Zusätzlich imaginieren wir in die Kreismitte die Erde, die in diesem Lichtstrom schwimmt.

Wir bitten außerdem unsere Schutzengel/unser höheres Selbst, dicht hinter uns zu treten und uns zu unterstützen. Des weiteren bitten wir die Helfer, Heiler, Lehrer und Schöpfer aus der heliozentrischen (Sonnensystem), galaktischen und kosmischen Dimension um ihren Beistand und ihre Präsenz, damit uns jeweils deutlich gezeigt wird, was heute während unseres Zusammenseins zu tun ist. Diese Anrufungen möglichst aus dem Herzen heraus sprechen.

Es folgt Stille, dann eine Pause, während der wir uns mit geschlossenen Augen setzen. Wir schweigen. Die Energie ist währenddessen gewöhnlich bereits sehr stark angestiegen, deshalb immer wieder atmen lassen. Das Ganze dauert fünf bis acht Minuten. Nun geht es speziell an das Öffnen der Chakren. Dazu ist es bei Anfängern gut, eine entsprechend unterstützende Musik zu spielen. Geübtere Gruppen machen das in der Stille.

Der Leiter läßt nun die Imagination aller sich auf das siebte Chakra, das Scheitelchakra, konzentrieren. Zu dieser weiteren Öffnungsarbeit ist ein gewisses inneres intuitives Sehen erforderlich, da sich die Anweisungen im weiteren Verlauf nach dem Zustand der Chakren der Teilnehmer richten. Das weiterführende Öffnen sollte langsamer als beim Gruppenzusammenschließen erfolgen. Das alles sind notwendige Vorbereitungen, um die Schwingung ständig zu erhöhen. Die Hände können nach dem Einstimmen auch losgelassen werden, weil das Halten auf die Dauer anstrengen kann. Auch können während dieser Phase bereits Affirmationen/Muster intuitiv empfangen werden, die sich auf das Öffnen der Chakren beziehen oder auch auf anderes, was gerade im inneren Raum der Teilnehmer aufzusteigen beginnt. Alles wird sogleich bearbeitet (durch entsprechend vom Leiter gegebene Anweisungen) und bewirkt weiteres Öffnen.

Wir kümmern uns generell um die zwei Chakraströmungen jeweils an der Vorder- und Rückseite des Körpers (bis auf nur eine einzige senkrecht nach oben beziehungsweise nach unten gerichtete Strömung bei Scheitel- und Wurzelchakra). Wir reinigen sie mit goldenem Licht, auch mit anderen Farben, wenn uns die Intuition das rät. Wir vergrößern die Chakren, bessern dunkle Stellen aus und glätten Ausfransungen. Das können wir mit folgender Denkhaltung begleiten: »Meine Chakren gleichen sich nun aus und funktionieren aktiv in göttlicher Fülle.« Wer diese Bilder schlecht oder gar nicht sieht, kann das durch geeignete Affirmationen korrigieren und besonders langsam arbeiten. Nach einiger Zeit des Übens werden die Konzentration und diese innere (Hell-)Sicht besser. Der Phantasie sind beim Arbeiten keine Grenzen gesetzt. Je kühner und disziplinierter wir es wagen zu imaginieren, desto sichtbarer wird Erfolg eintreten, was wiederum die Phantasie nochmals beflügelt. So wachsen wir über uns hinaus.

Es ist gut, in Gruppen zu üben, da die Gruppenenergie es erleichtert, scheinbar unmögliche Dinge zu tun. Laden wir ein paar Freunde ein und fangen an!

Wir sind nun bereits sehr offen in unserem Energiekreis. Wir haben die Gruppenenergie aufgebaut und die Chakren geöffnet. Das Ganze hat etwa eine halbe Stunde gedauert, und wir können je nach Zeit und Kraft noch dreißig bis sechzig Minuten arbeiten, indem wir die starke Energie zur weiteren Reinigung und Entwicklung unserer selbst und/oder zur Heilung von anderen Systemen nutzen. Es gibt hier verschiedene Möglichkeiten:

▷ Pattern-removal: Umformen oder Entfernen von unerwünschten Verhaltensmustern bei uns selbst;
▷ Vergebensübungen oder Energie-Austausch mit anderen Einheiten, jedoch immer vor einem persönlichen Hintergrund;
▷ Arbeit mit größeren Einheiten, zum Beispiel mit der Erde;
▷ All das, was uns unsere Intuition noch im Verlauf fortgesetzten Gruppen- und Einzelübens eingibt: zum Beispiel Vergangenheitsbewältigung/Karmaauflösen individuell und als Gruppe an historischen Plätzen (konkret am betreffenden Ort oder in der

Imagination) und in geschichtsträchtigen Situationen; Hineingehen in neue Ebenen der Frau-Mann-Beziehungen, Arbeiten mit dem göttlichen Paar, Aufräumen sexueller kollektiver Rückstände über die Jahrhunderte hin als Gruppe, Arbeiten mit der dynamischen männlichen und der rezeptiven weiblichen Energie als Gruppe und individuell, Ausprobieren und Inaugurieren neuer Verbindungen beider, Hereinbitten der Göttin; Stärkungsrituale in der Gruppe für die neuen auf die Erde strömenden Energien; Gruppenarbeit zum weiteren Befestigen der Liebesenergie auf der Erde, zum friedvollen Bewältigen der anstehenden Auseinandersetzungen zwischen Machtgruppen auf der Erde, zur Zusammenarbeit, zum Verhandeln, zur Übergabe an die neuen Machtgruppen, für eine günstigere Besiedlung der Erde für alle Beteiligten; Energieausgleich und Vergebensbemühungen mit Pflanzen-, Tier- und Mineralreich; Gruppenarbeit zum Umgehen mit Aggressionen, auch astral; Auseinandersetzen mit sogenannten außerirdischen Existenzen und so weiter.

Pattern-removal

Zum Pattern-removal imaginieren wir in die Urenergie-Heilsee-Verbindung, die von einer Gruppe aufgebaut und geöffnet ist, noch eine zweite, überlagernde Struktur hinein: Der Heilsee erscheint auch in der Mitte unserer Gruppe, in einem klaren, durchsichtigen Stahlblau. Er fungiert nun als Symbol für unser Unbewußtes. Darüber schwebt eine fast weiße Lichtwolke, Zeichen der göttlichen Allkraft. Der Leiter spürt nun in den Kreis hinein und spricht aus, welche Muster (Pattern) er wahrnimmt. Schon mit einem Minimum an Intuition geht das recht gut, Erfahrung erleichtert die Arbeit ständig. Wir können auch allein üben und bekommen sicher bald ein Gespür für die Muster unseres Denkens und Fühlens, die wir loswerden können und wollen, um unsere kosmische Verbindung wiederherzustellen. Mit jedem Mal geht es leichter und bedeutet eine Klärung. Das Nützliche daran ist, daß diese Vorgabe des Heilsees uns lange begleiten kann, und zwar für wechselnde Arten von Mustern und Bildern. Noch später genügt ein Moment des Umdenkens, und die erkannten Muster sind abgelegt. Es ist wieder wie mit dem Laufenlernen: Irgendwann geschieht es automatisch und viel schneller, beim Spazierengehen, im Bus, während eines Gesprächs. Die Krücken können dann losgelassen werden.

Wir stehen als Gruppe oder einzeln also nach der Öffnung unserer Chakren imaginativ am Ufer des Sees unseres Unterbewußtseins. Das Muster für den jeweiligen Teilnehmer oder den ganzen Kreis wird laut durch den Leiter formuliert, und wir sehen den Satz aus uns heraus in den See stürzen. Manchmal freuen sich die »Buchstaben« richtig, endlich erlöst zu werden. Sie tauchen samt ihrer Bedeutung in den See, und nun beginnt die weiße Wolke zu arbeiten. Sie strahlt ihre göttliche, allumfassende kosmische Energie auf den See, der manchmal heftig schäumt, was heißt, daß es in unserem Unterbewußtsein etwas umgewandelt wird. Wir an seinem Ufer bekommen Wind davon, fangen oft auch Spritzer oder ganze Wellenschwünge des bewegten Wassers auf, einiges dringt in uns ein. Die Energie unserer altgedienten Denkschienen wird entflochten. Was unser ist, fließt wieder in unseren Körper ein, Fremdes bleibt auf der Haut als Nässe und wird zum Schluß mit einer violetten Lichtspirale abgestreift, in den Kosmos hinein. Diese Energie kehrt dahin zurück, woher sie gekommen ist; wir sind von ihr befreit.

Es ist wichtig, daß wir gut mitarbeiten und die Klärung in allen Zellen spüren. Auch das entsprechende Wahrnehmungsvermögen wird mit der Zeit immer feiner. Es ist lohnenswert, darauf zu achten, wie sich das Bild manchmal verändert. Das gibt wieder Hinweise auf unsere blinden Flecke bzw. unsere Fortschritte. Bei mir hat es den See einige Male anläßlich der Bearbeitung von tiefen Mustern regelrecht aufgewühlt. Manchmal entstanden auf seinem Grund bei der göttlichen Bestrahlung riesige Stahlgerippe, und ich mußte die Engel bitten, sie kleinzukriegen und abzusaugen. Einmal hatte sich der ganze See über mich gestülpt. Ich brauchte meine ganze Kraft, um nicht überwältigt zu sein. Mit der Zeit sind wir gewitzt und lachen darüber. Diese Dinge zeigen lediglich auf, wo etwas in unserem Seelischen intensiv belastet ist, und geben uns die Mittel an die Hand, uns zu entlasten. Genau in dem Maße, in dem sich die Bilder verändern, sprechen sie zu uns über das, was in unserem Unterbewußtsein jetzt mit den bei dem Sprung in die Materie gebildeten (Schutz-)Mauern geschieht. Einstmals waren sie nötig, um uns auf das Einstimmen auf unsere Aufgabe zu konzentrieren. Doch nun benötigen wir wieder unsere Lichtkräfte, unseren kosmischen Weit- und Überblick.

Was immer auch mit unserem See geschehen mag: Wenn wir uns der Hilfe unseres Schutzengels versichern und die universelle Weisheit hineinbitten, so wird uns geholfen. Die Bilder verändern sich entsprechend und geben damit Hinweise für Lösungen. Wir können hier alles im Affirmationskapitel Gesagte anwenden. Auf diese Weise gibt sich unsere Seele zu erkennen, sie teilt uns mit, was uns noch fehlt, und indem wir das Fehlende in der symbolischen Bildersprache des Sees geschehen lassen, verändern und lösen sich unsere angesammelten Mißstände und Mißverständnisse. Wir lernen auf diese Weise von der unwirksamen Benutzung der linken, analytischen Hirnhälfte wegzukommen und beide Hirnhälften zu nutzen, um mit unserem Kern, der Seele und Monade zu kommunizieren. Diese innere Verbindung wird dafür sorgen, sie allein, daß sich auf der Erde ein neues Paradigma einstellen kann. Und nur dieses wird unsere verfahrene Lage klären. Die Seele/Monade spricht auf das gewohnte Rationalisieren nicht an.

Für manche Auflösung von Kernsätzen werden wir die Hilfe eines Gegenübers brauchen. Es muß nicht immer ein Therapeut sein. Wir können unsere Probleme einem Freund oder einer Freundin berichten, die in der Methode erfahren sind, einfach in der Weise, daß sie/er auch damit übt. Der andere wird mitunter die zur Änderung nötigen Muster und Bilder besser erfassen können als wir selbst, da er mehr Abstand besitzt, jedenfalls dort, wo wir scheinbar nicht vorankommen. So können wir uns gegenseitig klären. Auch wenn wir allein arbeiten, ist es ratsam, die auftauchenden Muster laut auszusprechen: deutlich und kraftvoll, mit dem festen Vertrauen auf die entsprechende Wandlung, das verbürgt unbedingten Erfolg.

Wir werden mit der Zeit körperlich merken, wie Klärung eintritt, wobei es zeitweise vor neuen großen Entlastungen schon einmal wieder etwas »dick« kommen kann.

Vergebensübungen

Vergebensübungen sind unerläßlich für die feinere Klärungsarbeit, denn ich kann etwas erst dann loslassen, wenn ich es liebe. Sonst gibt es immer noch eine energetische Affinität, die immer und immer wieder solche und ähnliche Situationen anzieht. Wir können unsere Kontrahenten beispielsweise feinstofflich in unseren Gruppenkreis hereinbitten, sie im Geist um Verzeihung bitten für allen ausgehaltenen Schmerz in Hinblick auf uns und dann zum Beispiel den Erzengel Michael mit seinem Schwert bitten, die unguten Bande zwischen uns durchzuschneiden. Es ist interessant, darauf zu achten, auf welcher Seite und wie die Figuren erscheinen. Daraus läßt sich vieles über unsere Verstrickungen und über unsere dazugehörigen unbewußten Gedanken ablesen und verstehen. Die meisten Verstrickungen wird es von Solarplexus zu Solarplexus geben, da es um Macht geht. Nach dem Durchtrennen kann Michael die betreffenden Chakren noch mit seinem geistigen Feuer heilen. Wir sollten darauf achten, daß es auch dem nicht versöhnten Kontrahenten gutgeht. Starke Verstrickungen müssen mehrmals behandelt werden. Es ist gut, sich den Ort der Handlung auf einem heiligen Platz des höheren Selbst vorzustellen und uns ausdrücklich auch selbst zu vergeben. Das ist das Schwerste.

Es wird eine ganze Weile dauern, bis wir alle Personen, mit denen wir im Leben Konflikte hatten, durchgegangen sind. Wir sollten uns nicht zuviel vornehmen, denn diese Arbeit ist intensiv und tiefgreifend. Sie verändert uns, wenn sie ernsthaft und engagiert durchgeführt wird. Es lohnt sich durchaus, nach einer Pause das höhere Selbst oder unsere Seele zu bitten, uns an all die Personen zu erinnern, die wir bei unseren Bemühungen des Verzeihens vergessen haben. Wir werden uns wundern, wer sich daraufhin noch zeigen wird!

Neben dem Energieaustausch können wir als feineren Abschluß unserer Bemühungen zum Verzeihen folgendes tun: Wir stellen uns unseren »Widersacher« im Geist vor und spüren noch einmal genau unsere Empfindungen. Dann begeben wir uns in unser »Tabernakel«, unseren innersten Raum, der die Verbindung zum Kosmischen aufrechterhält. Zum Anfang können wir uns dazu eine Treppe emporsteigen sehen, das kommt der weitverbreiteten Gewohnheit entgegen, das Höhere immer noch außerhalb und oberhalb von uns zu sehen. In diesem inneren Raum dürfen wir unserer Vorstellung vom Göttlichen freien Lauf lassen. Wir können in goldenem Licht baden oder uns von Engeln und ihrer tiefen Liebe umgeben sehen, Sphärenklänge hören und uns in allem anerkannt und verstanden fühlen oder uns zwischen unseren göttlichen Eltern sitzend vorstellen. All das wird uns von Restemotionen freispülen, wird uns selbstliebend genug und stark zum Verzeihen machen. Wir lassen dann mit der Zeit dieses göttliche Licht auch in unserem Herzen leuchten. Das Leuchten wird damit immer größer. Dabei stellen wir uns den anderen wieder vor. Unser Herzlicht weitet sich noch mehr, nimmt unsere ganze Aura ein und bald auch die des anderen Menschen. Wir stehen schließlich mit der anderen Person in einem einzigen Herzlichtball. Wir sprechen noch einmal unsere Verzeihung, bitten selbst darum und verzeihen uns auch selbst. Schließlich sehen wir, wie das Herzlicht unsere Gestalten auflöst und nur reines Licht zurückbleibt, ohne jede Spur jener Elementale oder unserer vorgestellten Körper.

Mit der Zeit werden wir uns die Treppe sparen können, es genügt dann, sich einfach das Licht im Herzen vorzustellen. Die Übung wirkt sehr heilend auf die Solarplexusregion. Es werden einengende Vorstellungen aufgelöst, unzweckmäßige Verflechtungen abgetrennt, und die kosmische Liebe zu allem wird wieder durchgelassen. Es bedeutet also, daß wir kosmische Liebe schenken.

Energieaustausch

Vor dem (er-)lösenden Schwertstreich des Erzengels Michael können wir auch noch einen Energieaustausch durchführen. Es ist ebenso möglich, ihn als separate Übung auszuführen.

Wir stellen uns dazu wieder den Gegenstand des Austauschs im Geist vor. Das kann ein Mensch sein, auch ein bereits verstorbener, eine Situation, ein Ding, auch ein Planet, falls es um eine persönliche Beziehung mit dieser Sphäre geht; es kann ein Ergebnis sein, irgendwelche Umstände, Situationen und Angelegenheiten.

Wir erklären nun, daß wir unsere Energie, die wir in dieses andere durch Streit, Opferhaltung, Rechthabenwollen, Unterdrükken, Verwirrung, Unselbständigkeit, mangelndes Unterscheidungsvermögen, Kritikunfähigkeit oder sonstiges Sich-nicht-ausdrükken-Können »investiert« haben, zurückbekommen. Diesen Vorgang spüren wir wiederum in jeder Zelle unseres Körpers als Erleichterung, Loslassen und Umstrukturierung, wenn wir die nötige Aufmerksamkeit und Konzentration sowie Geduld aufbringen.

Danach geht es andersherum: Wir geben alles vom andern unbewußt Aufgenommene wieder zurück. Mit anderen Worten: Pervertiertes wird entflochten. Auch hier ist die Reinigung unmittelbar spürbar, und es wird empfohlen, auf Bilder und auf Gefühle im Körper beziehungsweise auf Gedanken zu achten. Sie geben Hinweise auf noch weitergehende Reinigung und Erkenntnis. Zu Anfang ist es gut, die Engel vermehrt um Schutz bei dieser Entflechtung zu bitten. Mit der Zeit werden wir behender, und der Austausch wird schnell wie ein Fingerschnipsen und ganz automatisch vor sich gehen. Wir brauchen dabei nicht einmal mehr unsere momentane Tätigkeit zu unterbrechen, denn wir haben dann Gedanken- und Gefühlsdisziplin gelernt, was nicht zu verwechseln ist mit Kopflastigkeit und/oder Gefühlskälte.

Die hier besprochene Mentalarbeitsmethode hilft denen, die mehr in ihrer aktiven Energie leben – meist sind es die Männer –, Imagination und innere Stimme zu intensivieren. Frauen hingegen profitieren davon, indem sie einfach zielgerichteter und klarer denken lernen, vor Entscheidungen nicht mehr zurückweichen und auf diese Weise überhaupt mehr Selbstbewußtsein und Selbstvertrauen bekommen und von ihrer Gefühlswelt auf positive Weise unabhängiger werden. Frauen, die mehr in ihrer passiven seelischen Energie leben, trainieren das männliche Sich-Durchsetzen und Konfrontieren.

Die Methode ist einfach in ihrer Grundstruktur. Zuerst wird wie bei jeder guten Stilleübung eine Bereitschaft erzeugt, und zwar durch die Gruppenzusammenführung beziehungsweise durch das Einstimmen auf die geistigen Helferenergien bei der Einzelübung sowie durch das intensive Öffnen der Chakren. Das ist der erste Teil der Arbeit, der Rahmen, der immer gleich bleibt. Für den Zwischenteil können wir nun verschiedene Übungen wählen, wie auch in der Arbeit mit den Affirmationen die Gruppen 4 und 5 das auswechselbare Kernstück darstellen. Wir können je nach unserer Intuition den Energieaustausch zum zentralen Teil der Mentalarbeit erklären oder die Arbeit mit der Erde oder die Vergebensübungen. Das Pattern-removal, diese erweiterte Arbeit mit Affirmationen, ist hingegen überall flexibel einsetzbar. Mit der Zeit werden noch unsere eigenen Spezialitäten hinzukommen.

Den Abschluß bildet immer eine erneute Einstimmung auf die höheren Energien, dazu könnte eventuell eine kleine Seelenreise unternommen werden. Das ist sehr wichtig, da die Mentalarbeit in der ersten Zeit besonders anstrengen kann, geht es doch um das Loslassen eingefleischter Denkhaltungen. So ist es dann eine gute Idee, zuletzt noch etwas neue Energie zu tanken. Wir können uns beispielsweise mit goldenem oder orangenem Licht aufladen, uns mit dem Wasser des Lebens oder mit der Herzenergie erfüllen. Die entsprechenden Anweisungen werden über unser höheres Selbst erfolgen, wenn wir eingestimmt sind und vertrauen. Wir achten zum Abschluß darauf, daß wir für die Rückkehr in die Alltagsrealität genügend geschützt sind. Dafür bieten sich violettes oder blaues Licht an und die Solarplexus-Durchströmungsübung, die weiter oben besprochen wurde.

Arbeit mit der Erde

Der Arbeit mit der Erde oder mit anderen größeren, auch planetaren oder kosmischen Einheiten sind, was die Imagination betrifft, überhaupt keine Grenzen gesetzt. Sie wird gewaltige Auswirkungen auf unser Leben haben. Mutter Erde, die gefallene oder verschwundene Göttin, ist uns in manchem voraus. Wir können einen Energieaustausch mit ihr durchführen, ebenso mit allen bekannten und neu auftauchenden Planeten. Wir können ihre Aura reinigen, besonders das niedere Astrale, das unsere kollektiven Vorstellungen enthält, und die Erde feinstofflich in unseren Kreis bitten, um ihr einfach aus unserem Herzen Liebe zuströmen zu lassen und um Liebe von ihr zu empfangen. Frauen werden diese Übung besonders gerne tun, doch auch Männer können hier für ihre weitere spirituelle Entwicklung sehr profitieren. Bitte probieren. Es wäre eine Anregung für einen Männerarbeitskreis ganz besonderer Art. Das dort Gelernte würde Männern im Umgang mit Frauen helfen. Genauso wie wir Frauen uns langsam um mehr »männliche« Qualitäten, um mehr Handlungsfreiheit, Unterscheidungsvermögen, Realitätssinn und Durchsetzungskraft bemühen.

Mariel-Energiearbeit

Eine weitere Methode zum Überwinden unserer Begrenzungen, die ich als sehr wirkungsvoll erlebe, ist die Mariel-Energiearbeit. Sie stellt eine Kombination von meditativer Mentalarbeit und Körpertherapie dar. Die Begründerin, Ethel Lombardi, eine bejahrte, doch lebensvolle und weise Amerikanerin, hat diese Behandlungsart nach einer intensiven Nahtoderfahrung, in der sie mit Engelenergien, wie sie sie nennt, in Kontakt gekommen ist, entwickelt. Und tatsächlich ist die Arbeit von einer sehr liebevollen Energie geprägt, die auf Behandler und Behandelte übertragen wird.

Die Struktur der Mariel-Energiearbeit bildet sich einerseits aus dem körperlichen Vorgang, der im Be-HAND-eln der Hauptchakren mit allen dazugehörigen umliegenden Organen besteht. Andererseits wird dabei in bestimmter Art durch das Gespräch auf Mental- und Emotionalkörper eingewirkt und die Verbindung zum spirituellen Körper hergestellt. Es werden belastende Muster abgetrennt, was sich wiederum befreiend und deutlich sichtbar auf körperliche Behinderungen auswirkt. Außerdem arbeitet man mit Mariel-Energieübertragung, und zwar in mehreren Durchgängen, die aufeinanderfolgend beim Behandelten ein immer höheres Energieniveau zustande bringen, das das Hervorholen der tiefen Muster erleichtert.

Der Kreis schließt sich

Um das Manifestieren als Ganzheit bei allen diesen und ähnlichen Methoden zu üben, hat es sich als günstig herausgestellt, nach einer Intensivphase von einigen Wochen, besser Monaten und eventuell sogar Jahren disziplinierten und vernünftigen Arbeitens, die Übungen für einige Zeit einzustellen, damit der eintretende tiefe Prozeß der Verarbeitung Raum bekommt. Nach dieser schöpferischen Atempause wird sich intuitiv von ganz allein zeigen, wie weiterzumachen ist. Den Moment der Pause werden wir deutlich spüren können, wenn es soweit ist.

All diese Methoden können in gewisser Weise fehlinterpretiert werden und zum Manifestieren von Selbstsüchtigem und Nutzlosem dienen. Ich erinnere an meine als Anfängerin eifrigst betriebenen Affirmationen für einen Geliebten. Solche Erlebnisse werden sich zuerst nicht gänzlich vermeiden lassen, doch reifen wir mit unseren Erfahrungen. Positives Denken und Visualisierung allein sind nur Teile im Puzzle der göttlichen Schöpfung. Nach den alten Lehren tritt hier als Schutz unsere Absicht hinzu, und zwar gilt dabei: je reiner die Absicht, desto größer das Ergebnis. Ins Blaue hinein zu affirmieren oder zu manifestieren ist nicht nur sinnlos, es langweilt auch bald.

Außerdem sind für die Verwirklichung unserer Absichten ebenfalls konkrete Schritte in der physischen Welt notwendig, dazu Lernen, das Entwickeln von Talenten und Fähigkeiten, Organisieren und so weiter. Vor jedem Manifestieren ist es daher erst einmal nötig, uns ein einzelnes, klares Ziel vor Augen zu stellen: Was wollen wir im Leben eigentlich erreichen? Diesem Ziel, dessen Formulierung uns gewiß geraume Zeit sehr in Anspruch nehmen und in Atem halten wird (wobei uns hier Mentalarbeit wiederum gut helfen kann), müssen wir dann zwangsläufig alles andere unterstellen. Ohne solch einen roten Ariadnefaden wird all unsere Mühe vergebens sein.

Eine weitere Hürde ist das Überwinden unseres tiefsitzenden Gefühls, es nicht wert zu sein. Deshalb sind die Affirmationen zum Abtrennen so wichtig: Selbstliebe ist unerläßlich für das Fließen der schöpferischen Kraft.

Und endlich, nachdem wir alles uns mögliche getan haben, gilt es, jegliches Erreichenwollen loszulassen. Ebenso wie die Methoden (genauso wie Vitamine) besser wirken, wenn wir ab und zu Pausen einlegen, so müssen wir unsere Manifestationsballons eines Tages freigeben. Wie sollen sie sonst in den Himmel steigen können, um das kosmische Ohr zu erreichen? Dieser Schritt ist der schwerste für uns, da er nicht äußerlich machbar ist, sondern eine subtile innere Bewegung bedeutet. Um diesen Schritt des Freigebens tun zu können, hilft es uns, *absolutes Vertrauen* in die Erfüllung unseres Ziels zu setzen. Das heißt, daß das Wort »Zweifel« aus unserem Denkschatz verschwinden muß. Dazu gehört sicherlich neben dem mentalen Training recht viel Disziplin und innere Balance, womit wir wieder beim Anfang unserer Ausführungen wären und der Kreis des Erschaffens und des Atems sich schließt.

Literatur

BACH, RICHARD: Die Möwe Jonathan. Ullstein, Berlin 1989.

BRENNAN, BARBARA ANN: Licht-Arbeit. Das große Handbuch der Heilung mit körpereigenen Energiefeldern. Goldmann, München 1993.

BUTLER, GERTA: Das Tor zum Kosmos. Ch. Falk, Planegg 1988.

CHIA, MANTAK: Tao Yoga. Praktisches Lehrbuch zur Erweckung der heilenden Urkraft Chi. 6. Aufl. Ansata, Interlaken 1992.

CUNNINGHAM, DONNA: Erkennen und Heilen von Pluto-Problemen. 3. Aufl. Urania, Neuhausen 1992.

DEUTSCH, MARITA (MA ANAND DWARI): Alchimie des Atems, in: Therapie und Heilkunst. Connection-Special 1. 1987/88, S. 43–47.

GRISCOM, CHRIS: Meergeboren. Geburt als spirituelle Einweihung. Goldmann, München 1989.

GROF, CHRISTINA / STANISLAV GROF: Die stürmische Suche nach dem Selbst. Praktische Hilfe für spirituelle Krisen. Kösel, München 1991.

GROF, STANISLAV / HAL Z. BENNETT: Die Welt der Psyche. Neue Erkenntnisse aus Psychologie und Bewußtseinsforschung. Kösel, München 1993.

HACKL, MONNICA: Hui Chun Gong. Die geheimen Körperübungen der chinesischen Kaiser. Ein praktisches Übungsbuch. 5. Aufl. Hugendubel, München 1992.

JUNG, C. G.: Die Beziehungen zwischen dem Ich und dem Unbewußten. dtv, München 1990.

KAPLAN-WILLIAMS, STREPHON: Dream Cards. Simon & Schuster, New York 1991. (Kartenset)

KAPLAN-WILLIAMS, STREPHON: Traum-Arbeit. Der Schlüssel zum Unterbewußtsein. Ein praktisches Handbuch. Goldmann, München 1993.

KARPINSKY, GLORIA: Initiation im Alltag. Die sieben Prinzipien der Wandlung. Knaur, München 1992.

KOOSAKA, INA ODIRA: Sanfte Massagen zu zweit. Goldmann, München 1990.

KUSHI, MICHIO: Do-in-Buch. Übungen zur körperlichen und geistigen Entwicklung. Martin, Frankfurt am Main 1979.

LEONARD, JIM / PHIL LAUT: Neu geboren werden. Rebirthing – der Weg zur Selbstentfaltung und Lebensfreude. Kösel, München 1988.

LODES, HILTRUD: Atme richtig. Der Schlüssel zu Gesundheit und Ausgeglichenheit. Goldmann, München 1991.

MALLASZ, GITTA: Die Antwort der Engel. Ein Dokument. 6. Aufl. Daimon, Einsiedeln 1989.

MIDDENDORF, ILSE: Der erfahrbare Atem. Eine Atemlehre. 7. Aufl. Junfermann, Paderborn 1991.

MILLER, ALICE: Das Drama des begabten Kindes und die Suche nach dem wahren Selbst. Suhrkamp, Frankfurt am Main 1983.

NAKAMURA, TAKASHI: Das große Buch vom richtigen Atmen. Scherz, Bern/ München 1990.

NEUNHÖFER, OTTO: Regeneration aus dem Dritten Kreislauf, in: Raum und Zeit. 1991, Heft 50, S. 12–16.

ORR, LEONARD / KONRAD HALBIG: Bewußtes Atmen. Rebirthing. Goldmann, München 1992.

PETERSEN-LOWARY, SHEILA: Die fünfte Dimension. Wege in eine andere Realität. 2. Aufl. Heyne, München 1993.

PONDER, CATHERINE: Bete und werde reich. Goldmann, München 1993.

PONDER, CATHERINE: Die dynamischen Gesetze des Reichtums. Goldmann, München 1993.

PONDER, CATHERINE: Die Heilungsgeheimnisse der Jahrhunderte. Die zwölf Geisteskräfte des Menschen. Goldmann, München 1992.

ROBERTS, JANE: Die Natur der persönlichen Realität. Ein neues Bewußtsein als Quelle der Kreativität. Goldmann, München 1992.

ROBERTS, JANE: Die Natur der Psyche. Ihr menschlicher Ausdruck in Kreativität, Liebe und Sexualität. Goldmann, München 1990.

ROBERTS, JANE: Gespräche mit Seth. Von der ewigen Gültigkeit der Seele. Goldmann, München 1991.

ROMAN, SANAYA: Sich dem Leben öffnen. Schritte zu persönlichem Wachstum und geistiger Kraft. 4. Aufl. Ansata, Interlaken 1990.

ROMAN, SANAYA: Sich den höheren Energien öffnen. Die unsichtbaren Kräfte des Universums nutzen. 4. Aufl. Ansata, Interlaken 1990.

ROMAN, SANAYA: Zum höheren Selbst erwachen. Das Herz dem Bewußtsein des Lichts öffnen. 5. Aufl. Ansata, Interlaken 1992.

ROSENBERG, JACK L. / MARJORIE L. RAND / DIANE ASAY: Körper, Selbst und Seele. Ein Weg zur Integration. Transform, Oldenburg 1989.

SCHMIDT, KARL O.: Kraft durch Atmen. Einführung in die Praxis des bewußten Vollatems. 6. Aufl. Drei Eichen, Ergolding 1990.

SLINGER, PENNY / NIK DOUGLAS: Das Geheime Dakini Orakel Buch. Simon und Leutner, Berlin 1982.

SPALDING, BAIRD: Leben und Lehren der Meister im Fernen Osten. Sammelband I–III. 6. Aufl. Drei Eichen, Ergolding 1992.

TEEGEN, FRAUKE: Die Begegnung mit dem Schatten. Erkundungen in den Tiefenschichten des Bewußtseins. Rowohlt, Reinbek 1989.

TILL, MARIETTA: Die Heilkraft des Atems. 50 Atemübungen für Körper, Geist und Seele. Goldmann, München 1991.

TOMIOKA, ARIEL: Vom Atem der Liebe getragen. Wege zu höheren Dimensionen der Partnerschaft. Ansata, Interlaken 1991.

VYVAMUS / JANET MCCLURE / LILLIAN HARBEN: Das Aha-Buch. Lexikon für Lichtarbeiter. Ch. Falk, Planegg 1991.

WILDE, STUART: Wunder. Eine Anleitung in sieben Schritten. 4. Aufl. Sphinx, Basel 1993.

YOGANANDA, PARAMAHANSA: Autobiographie eines Yogi. Scherz, Bern/München 1991.